LICHUNNIAN YU
JINGJIEFA

吕学儒

／著

李椿年与经界法

江西高校出版社
JIANGXI UNIVERSITIES AND COLLEGES PRESS

图书在版编目(CIP)数据

李椿年与经界法/吕学儒著. --南昌:江西高校出版社,2018.10(2022.2重印)

ISBN 978-7-5493-7755-8

Ⅰ.①李… Ⅱ.①吕… Ⅲ.①李椿年(1096—1164)—生平事迹 Ⅳ.①K825.31

中国版本图书馆 CIP 数据核字(2018)第 226540 号

出 版 发 行	江西高校出版社
社 址	江西省南昌市洪都北大道 96 号
总编室电话	(0791)88504319
销 售 电 话	(0791)88592590
网 址	www.juacp.com
印 刷	天津画中画印刷有限公司
经 销	全国新华书店
开 本	700mm×1000mm 1/16
印 张	10
字 数	94 千字
版 次	2018 年 10 月第 1 版
	2022 年 2 月第 2 次印刷
书 号	ISBN 978-7-5493-7755-8
定 价	42.00 元

赣版权登字 -07-2018-1124

序

位于江西省东北部的浮梁县,不仅山清水秀,而且有着发达的地域经济,县民"摘叶为茗,伐楮为纸,坯土为器""富则为商,巧则为工",茶、瓷互利,农、工、商并举,形成了独特的经济格局,谱写了"浮梁歙州,万国来求"的辉煌历史。

浮梁又是一个自古有兴教之风的历史名县,享有"士趋诗书,矜名节"和"衣冠人物之盛,甲于江右"的盛誉。优美的生态环境,发达的地域经济,淳朴的风土人情,使浮梁历代人才辈出。其中,古代税赋制度改革家李椿年便是其中杰出的代表。

《江西历代人物辞典》曾对李椿年做了如下记载:李椿年,字仲永,南宋浮梁人。政和八年(公元1118年,即重和元年)进士。历官度支郎中、显谟阁待制、两浙转运使、户部侍郎,宣、婺知州。晚年,兼权吏部、兵部侍郎,受封普宁郡开国侯。著有《逍遥公易说》及文集。

明代,浮梁县编纂县志,在县志中,为李椿年立了传。李椿年,字仲永,北宋重和元年进士。性俭约,事母孝。南宋初知宁国县(今安徽省宁国市),宣谕史刘大中荐其"练习民事,稽考税额,各有条理"。绍兴五年(公元1135年)召对,奏:"州县不治,在不得人,若夏、秋二税稍加措置,不致失陷,用度自足。"寻通判洪州、屡迁浙东提举,时临海县令曰:"谤书已盈箧。"椿年曰:"以身许国,复颈恤耶!"出任武昌军度支郎中,入为左司员外郎,奏经界不正十害,经界正,而仁政行矣!上谓宰掾曰:"椿年之论,颇有条理。"翌日,授显谟阁待制、两浙路转运副史,专委行经界。椿年请先往平江诸县就绪,再往诸州。七月告成,上嘉叹。立法二十四条,除户部侍郎。时法竣,江山县尉汪大猷进言:"凡产少而报多者,许改正。"椿年纳其言,轻刑省费甚众。其母病逝于中都,徒步扶枢归葬,有甘露之祥。服除,仍事以前官,五年,法迁于东南。后知宣州、婺州。权吏兵两部,封普宁郡开国侯,著有《易说》与文集。

《浮梁县志》还对李椿年创办鄱源教院、新田书院与他的葬地做了记载。

明代,浮梁县城重修文庙,塑李椿年、程瑀、吴迁三人坐像安放在大成殿的后壁。能入文庙,享受县人祭祀者,其影响绝非一般。

《江西通志》《饶州府志》均对李椿年的生平和功绩做了记载。

但是,像这样一位对国家有过重要贡献、对中国历史有过推动作用的历史人物,在《宋史》中并没有为其立传。由李椿年制定、皇帝批准,曾实行过七年之久、涉及半个中国且产生过重大影响的《经界法》,在《宋史》中也没有记载。

在中国,历代改革家都是社会进步的推动者,这是众所周知的。但是,自古以来,改革与保守、创新与守旧就是一对永远难以调和的矛盾。宋代，首先是名相王安石实行"变法"。王安石凭着自己的知识和才华，二十岁刚过便考中进士，先后做过知县、知州，每到一处，体察民情，就连对农夫、女子也知无不言。他在实地考察中，对他所认为的应兴之利和应除之害，大力进行一番改革，而当时的官绅士大夫阶层，却大都喜欢习故蹈常，因循守旧，只尚空谈而不务实干。他渐渐感到国家存有潜在危机，对内国力渐弱，对外割地求和，便用自己敏锐的眼光和超人的才华，提出主张，力主改革。他的这一主张，得到年轻皇帝宋神宗的认同。宋神宗顶住压力，举王安石为相，使其富国强兵、改革之志得以展示。王安石倾心吐胆，对政治、经济、军事、农耕等提出全面改革。他的思想与"天变不足畏，祖宗不足法，人言不足恤"的"三不足"思想契合，后来又制定了《均输法》《农田水利法》《青苗法》《保甲法》《将兵法》等多种新法，加以推行。然而，王安石的新法刚一推出，就遭到了守旧派的竭力阻挠：吕诲上疏弹劾王安石十条疏状；苏轼上万言书反对变法；司马光、文彦博等重臣因新法而罢官去职；大商贾当街拦住王安石坐轿；后官亦紧逼神宗停止变法，罢黜王安石。为了变法强国，王安石两次遇刺，几乎丧命！

李椿年有着几乎和王安石同样的命运，他二十二岁中进士，出任江南东路宣州宁国县令。到任后，他即深入民间了解县情，然后修筑水利工程，组织民兵防止金兵入侵，开展查产定税，核实农民负担。升任洪州通判后，他结识了之后任宰相的赵鼎和武昌军统帅岳飞。同年(公元1134年)九月,宋高宗赵构召见李椿年,询问富国强兵之道,李椿年当即提出治国方略和改革方案。绍兴六年(公元1136年)提举浙东时,他依然轻装简从,只带从弟李延年徒步走村串户,访问百姓,核实粮税,进行盐业制度改革。由于不接受富户豪强吃请和礼物,不近女色,因而受到豪强富户的控告,也差点死在刺客的刀下。三年任满回京时,又因与秦桧的仇人赵鼎交好,久久得不到安置,转而到岳飞军中当了度支郎中,然后再任京都救火官。直到绍兴十二年(公元1142年)任左司员外郎时,李椿年才在参知政事程克俊(浮梁人)的全力支持和宋高宗的批准下,开始措置经界,到平江试点并取得了显著成果。绍兴十三年(公元1143年),宋高宗任命李椿年为户部侍郎,并令他制定经界法推行全国。但是,绍兴十九年(公元1149年),李椿年被罢户部侍郎,流放江州;绍兴二十年(公元1150年),李椿年又被流放去了宣州,直到绍兴二十五年(公元1155年),他才调任左中大夫,知婺州。在任上,他并未畏缩不前,依然仿效王安石的"青苗法"与"平准务",进行抑商利民的改革。然而,李椿年的改革行动又一次触动了富商豪强的切身利益,他们串通一气,联名状告李椿年"所至刻削,阴取系省钱,名曰平准务,尽扰一郡之货,侵夺百姓之利,复以官钱贷于民,日收其利,谓之放课,及结合纳苗米、置圈猪羊"等十数事。宋高宗又于绍兴二十六年(公元1156年)下诏,再次罢了李椿年的官。

1985年,《中国社会科学》第一、二期所刊载的美国芝加哥大学历史系客座教授何炳棣先生的《南宋至今土地数字考释和评价》一文中写道:"措置经界的中心人物是李椿年。由于他不畏强御,力行均税,既为政府增加了税收,又部分地减轻了自耕农和半自耕农的田赋负担,所以成了大地主和部分官僚的攻击对象。在王安石新政遭遇保守势力的顽强阻挠而失败后,长时间士大夫的正统舆论,总是反对在经济和赋税制度上推行新政策,并且一直嫉恨所谓'言利'之臣,所以元代编拟的《宋史》,竟没有李椿年的传。《四十七种宋代传记综合引得》也同样不列李的传记资料。"何炳棣先生在文中不仅肯定了南宋时朱熹"此法之行,贫下户皆所深喜,然不能自述其情,豪强猾吏,实所不乐"的正确定论,也剖析了李椿年这位古代赋税制度改革家在《宋史》中没有为其立传,也没有记载其《经界法》的时代背景。

此外,我们还可从何炳棣先生对李椿年的评价中了解李椿年的人格和道德操守:"李椿年一生仿效桑弘羊、王安石,而且曾以力行经界,深遭保守势力的嫉恨,晚年成了官宦的众矢之的本不足怪。所可怪者,凌哲所弹劾他的都是为了增加政府收入的经济专利措施,并无一字涉及李椿年贪污自肥。后来,朱熹于公元1190年在漳州主张力行经界时,一再称赞李椿年行经界裨民生,从未批评李的人格和操守……胡铨因勇于弹劾秦桧而闻名于世,颇具肝胆正义。他对李椿年的哲学修养有以下评价:某故人鄱阳逍遥公李仲永,潜心易学,卫道甚严。一日梦弼而有得,遂成一家之书。仲永名椿年,尝直学士院云。在李椿年逝世十六年后，胡铨写出李椿年'卫道甚严'，足以反映李椿年一生为人是遵守相当严格的公私道德标准的，不是趋炎附势的机会主义者。"

由此可见，李椿年的一生，是奋发奉献的一生，是忧国忧民的一生，是改革图强的一生，是与豪强猾吏斗争的一生，也是廉洁无私的一生。他把自己毕生的精力献给了他的国家的税赋和土地管理制度改革，献给了民族事业！

让我们感到高兴的是，吕学儒先生著作的《李椿年与经界法》一书终于完稿即将付印，这是一件值得庆贺的事。现已83岁高龄的吕先生，曾经亲身参加过中华人民共和国成立后的土地改革、土改复查和查田定产、定税，并且长期从事地方土地管理工作，对古代赋税制度改革家李椿年有着非同一般的感情。因此，他在职期间，利用工作之余和出差之便，走访了大小三十多个李姓村庄，查阅了数部《李氏宗谱》，访问了上百位乡村老干部、老教师和地方长者，阅读了《宋史》《简明宋史》《建炎以来系年要录》《文献通考》《朱子大全》等著作和李又曦的《两宋农村经济状况与土地政策》等名家文献，沿着李椿年当年走过的地方跑遍了南京、杭州、南昌、金华、临海、徽州、九江等省、市级图书馆和宁国、乐平、鄱阳、婺源等县级图书馆，从蛛丝马迹中寻找、收集、整理有关李椿年的生平事迹。退休后，他又把主要精力用到整理和核实自己所收集到的李椿年的生平资料上面，着手撰写李椿年传记，经过数年努力，终于完成了《李椿年与经界法》这本传记著作,成为中华人民共和国成立后浮梁撰写历史先贤长篇传记的第一人。吕老这种对事业锲而不舍的追求毅力和对工作的严谨负责态度,不仅展现了这位长者的敬业风范,也是他一生敬佩和学习李椿年的高风亮节、爱国为民品德精神的具体体现,值得我们大家学习!

应该感到欣慰的是,李椿年提出的"民有定产,产有定税,税有定籍"的税制直到 20 世纪 80 年代的改革开放时期仍在使用和借鉴,经历了近一千年而显示出其长盛不衰的生命力;其所创立的系统的土地管理制度,要比西方早一百至四百年!所以,不管您是浮梁人,还是曾在浮梁工作过的同志,都应该记住李椿年这个名字,也不妨在工作之余或休闲度假之际,挤出一些时间读一读吕学儒先生所著的《李椿年与经界法》一书。这样,不仅可以增加您对浮梁历史和对浮梁这块热土的了解,增加您作为一个浮梁人或是浮梁事业建设者的骄傲与自信,而且可以进一步提高我们对祖国的热爱和对今天幸福生活来之不易的认识,继承千千万万曾为推进中华民族进步与发展的列祖列宗的未竟事业,在弘扬中华文化和实现中华民族伟大复兴中,做出自己应有的贡献!

罗建国

中共浮梁县委书记

目　　录

一、立志变法　始量家田

北宋哲宗绍圣三年(公元 1096 年)正月十八日午时,南宋《经界法》的措置者、本书的主人公李椿年出生在当时的江南东路饶州府浮梁县丰田都丰田村一个农民家里。

按照当地风俗习惯,出生后第三天上午,接生婆要用当地产的艾草,放到开水中浸泡一段时间,等到不烫手时,用它为小儿洗浴,用艾草水为新生婴儿洗澡,传说有驱邪、灭菌、消炎的功效,当地人把这种洗礼叫作"三朝洗儿"。洗好后,又由接生婆用小罗被将小儿裹起,只留面部露在外面,然后将他抱到堂中,和他的父亲、祖父、亲朋好友见面。却说李椿年的祖父、父亲仔细观察小儿的长相,只见这个小儿长着淡黄色的毛发,饱满的天庭,微凸的眉骨,亮亮的眼睛,高高的鼻梁,方正的嘴巴,眉清目秀,五官端正,心中十分欢喜。乡亲们也评头论足,异口同声地称赞这位公子"长得好"! 十分钟以后,接生婆又将小儿抱入房中,放入其母亲的怀抱。乡亲们陆续离去后,堂中只剩下小儿的父亲与祖父,二人商议如何为小儿取名。李应声对儿子李亮说:"你是一个秀才,为自己的儿子取个名字的

1

事,总不能有劳为父吧!"李亮正陶醉在初为人父的喜悦中,听见父亲叫他为自己的初生儿子取名字,觉得自己责无旁贷。他抬头望见门外园中那株高大挺拔名叫香椿的乔木,深思细想它初春发芽,夏季叶繁,秋天结果,冬天子熟,经过风、霜、雪、寒,光秃秃的枝条上,现已长出一寸多长、呈现紫红色的新枝。他想到椿树是栋梁之材,又想到过年不久,年是一年的开端,象征万物复苏,觉得用"椿年"二字很有意义。于是,李亮征求父亲的意见:"小儿名叫椿年,字仲永如何?"李应声听后,想了一想说:"这个名字好! 椿树,又名香椿,浑身散发着一种芬芳香味。树大叶绿,质坚权少,正直挺拔,是栋梁之材;木质细腻,浑身紫红,它经风雨、耐霜雪,不怕虫蛀,拒腐朽,又是做家具的好材料;椿树的嫩苗既可做菜肴,又可入药,一身都是宝,能造福于人类。名字是一个人的符号,一个好名字,既是大人们期望孩子茁壮成长,成为国家栋梁,为国为民造福,也是激励后人好好学习、奋发向上的动力。我觉得'椿年'二字,两种含义都有,很好,就叫椿年吧!"

小椿年的确像长辈们期望的那样,无灾无病,茁壮成长,于北宋徽宗崇宁元年(公元 1102 年)入丰田村私塾读书,学的是孔孟之道。他聪颖好学,智慧超群,出类拔萃。

丰田村是个美丽、富饶的小山村,地处浮梁县东乡,离县城 37.5 公里,离举世闻名的瓷都景德镇 47.5 公里,与瓷器主要原料高岭土的产地近在咫尺。站在高岭山头向西北俯瞰,丰田的田园、村庄尽收眼底;站在丰田村的晒谷场上,早上仰望东南方,可看见云雾笼罩下的高岭;日落西山时,可以望见夕阳照耀下的高岭全貌。

丰田村坐北朝南,背靠巍峨的轿顶山。轿顶山绵延的山脉成为丰田的屏障,为它挡住严冬的西北风。村前一片平坦,有一千六百多亩肥沃的农田,视野开阔。东、西两面有两座低山向南延伸,像人的两只手臂向南舒展,又像一双巨手将丰田村和千亩田园搂入怀抱。轿顶山上流出的山泉汇成一条小溪,在离丰田村没多远的东面绕过村边、流经村前,供丰田村民生活用水和灌溉村前一千多亩农田。潺潺流水终年不断,雨季也不会暴涨洪水,很少遭受水患灾害,所以丰田这千亩农田年年丰收,"丰田"村名也因此而来。

高岭的西山脚下有个村落,名叫东埠,是个水运码头,又是农产品的集散地,古代东河的商贸中心。从东埠街向北,跨过鄱源河,穿过一条古驿道,步行数十步,爬上一个高坡,站在高坡上,向西瞭望,可见一条高数丈的天然巨型青石坝与东西两座低山合围,保持水土,形成一块平旷之地,人们又在坝下栽植了一片高大挺拔、冬天不落叶的阔叶林,树冠高过石坝,与两边低山生长的树林连成一体,使丰田村成了群山环抱的山村,就像《桃花源记》中所描述的"……初极狭,才通人,复行数十步,豁然开朗,土地平旷,屋舍俨然,有良田美池桑竹之属"的世外桃源,美不胜收。

丰田,是李椿年丈量田地、试行经界的地方,为纪念李椿年行经界法这一创举,北宋末年经浮梁县县令辛次膺批准,将村名由"丰田"更为"界田"。

界田李氏始祖李佯,字伯柔,生于唐懿宗咸通辛巳(公元861年),为大唐皇室后裔,后改名李京,故世称"京公"。李佯之父为唐宣宗第九子昭王李汭,李汭元妃陶氏生三子,嫡长子李僐、次子李佑、三子即为李佯。

唐乾符三年(公元876年),李家遭遇了重大变故。在这一年,李汭和陶氏相继病故,李僐也离世,而李佑时任饶州刺史,家庭重担一下子全部落在了当时年仅十五岁的李佯身上。未等李佯料理完双亲及长兄的丧事,讣音又至。公元878年,饶州刺史李佑亡于任上,李佯不得不南下奔丧。从李家王府所在地长安到饶州千里迢迢,加之当时由于王仙芝、黄巢起义,沿途战火纷飞,道路阻隔,李佯竟一时无法南行。好不容易捱到七月,唐将宋威取得了对起义军的一场小胜,李佯赶紧带着侍卫、仆人前往鄱阳(饶州州治所在地)。怎料行至半路,黄巢军卷土重来,道路再次中断,李佯只好轻车简从,改名为"李京",乔装成逃难的百姓继续南下。这年冬天,历尽千辛万苦的李京终于抵达鄱阳,却得知时任歙州刺史的李擢念及与李佑同为李氏宗亲,与继任饶州刺史颜标商量后,已将李佑葬于昌水(今昌江边)。李京随即又马不停蹄地前往歙州答谢李擢,并因此逗留在歙州。

公元878年,起义军首领之一的王仙芝在黄梅(今湖北黄梅西北)兵败,王仙芝在突围中战死,余部一支由尚让率领,投奔黄巢继续战斗;另一支则渡长江转战江南。同年,转战江南的王重隐部攻陷饶州,颜标战死。与此同时,曹师熊部与南下的黄巢起义军合兵一处攻入皖南,向歙州杀来。李京听说黄巢军有"逢黄不杀"之语,遂避居黄墩(篁墩)。公元879年冬,黄巢军攻下歙州,篁墩也被占领,李京在城破前逃出,迁至睦州新安。不久,他觉得新安也不安全,遂沿着古道一路向西,然后从祁门乘船沿昌江而下进入浮梁境内。

公元880年,黄巢军入洛阳、抵潼关、进长安,黄巢于含元殿即皇帝位,改国号"大齐"并大肆屠杀唐朝宗室及百官。时在江南的李京听闻韩建、刘季述假传诏书杀李姓十一位王于石堤谷,蒋元晖等斩杀宗室诸王于九曲池,遂断绝了北归的念头。这一年,李京才不过十九岁,他每每想到父母的坟墓在长安无人料理,便面向北方恸哭不已。

之后,李京在浮梁娶方氏为妻成家,但皇室宗亲的身份始终令他感到不安。为永避战火,他找人卜卦,因得"乾九二见田吉"之卜,遂迁往浮梁丰田村定居。李京在这里生了三个儿子,分别取名仲皋、仲安、仲亨。仲安、仲亨都没有男丁传后,长子仲皋在浮梁则生了德鹏、德鸾、德鸿三个儿子。为延续家族血脉,长子德鹏迁往歙州祁门孚溪新田,次子德鸾迁往歙州婺源严田,幼子德鸿则一直生活在浮梁丰田。李氏后人又从新田、严田、丰田三处向各地迁徙发展,其后人被统称为"三田李氏",他们共同尊奉李京为始迁祖。

公元922年,61岁的李京回想自己跌宕的一生,提笔写下《南徙事略》,记录下自己落户浮梁的前因后果,同时也让后世子孙知道自己的家族身世。

关于李佯(京)的历史记载,见于清乾隆三十六年(公元1771年)《三田李氏宗谱》和《源头李氏宗谱》,略曰:"……生子十二,灌居长,我考讳汭,第九母赵氏所生也,生于开成五年庚申正月丙子,母陶氏生三子,嫡僙,次佑为饶州刺史,季佯即我也。乾符三年丙申五月戊寅考殁,辛丑妣殁,丙戌兄僙又卒,我治丧事未毕,而仲兄之讣音又闻,时四方兵乱,不能南顾,幸宋威七月奏捷,方取装南奔,不意王仙芝、黄巢尚在大肆屠戮,道路不通,我乃变服御,更名京,涉历万苦,冬始抵饶,而仲兄之丧已赖歙州刺史李擢仰念宗族移咨饶州刺史颜标同,代葬于鄱之昌水矣。我乃抵歙谢擢,因乱不能北返,遂留寓焉。我考我妣之坟墓未治,日唯北望号恸而已。己亥冬,巢陷歙州,闻有'逢黄不杀'之号,乃徙居黄墩以避之,广明庚子复徙昌水娶方氏生三子,仲皋、仲安、仲亨。后闻黄巢杀长安宗族无遗类,韩建、刘季述矫诏杀十一王于石堤谷,蒋元晖等杀诸王于九曲池,宗族凌夷如此之甚,无再北归之志矣。天祐四年丁卯三月,宰相张文蔚、杨涉奉册宝禅位于梁,而我祖宗之业废矣,呜呼!时事如此,夫复何言,顿首泣血,谨书大略,以遗我之后人世世秘而藏之,以为家乘,不必使人知之。兹当改革之际,宗族之辱不及平民之荣,何足言哉,但恐以后迁徙无常,时移世变愈久愈远,而愈不知其所自出为是,不得已而有言。呜呼痛哉!"

"三田李氏"日后果然人才辈出、人丁兴旺。祁门新田李德鹏生子李贵懋,后者曾为南唐的岑南道节度使,随后主李煜降宋,官拜金禄大夫,其子迁至江苏宜兴定居。据说岳飞的后妻李娃系李贵懋的玄孙女,岳飞任都统制奉命镇守九江,曾来浮梁替妻子寻祖,当地人因不熟河南口音,误将"找界田"听成了"抄界田",引起界田李家一场虚惊。此外,在北宋景祐元年(公元1034年),丰田村的李覃中了进士,李覃后来迁居浮梁乌田,成为浮西片李氏的始祖。丰田李氏一族在宋朝涌现了大量人才,光进士就有二十多位,而其中最著名的就是本书的主人公李椿年。

李椿年虽然出生在乡村农家,但祖父李应声、父亲李亮都是饱学秀才,先后担任丰田都保正。母亲程仰平是本县臧湾程家(因程瑀建府邸在此,后更名为府前)人。李椿年的外公曾任知县,后告老还乡;母舅程仰贤,也是饱学秀才;表兄弟程瑀曾中第六名进士,官至龙图阁学士,先后担任兵部、礼部尚书,曾一度与李椿年同朝为官,两人既是表亲,又是同事。

程仰平,名如其人,自小知书达礼,性情开朗,敢说敢干,喜好打抱不平。她孝顺公婆，相夫教子，与邻和睦，乐于助人。李椿年是她的长子。她觉得孩子越聪明，越要好好教导，使之健康成长，成为利国利民的英才。因此，她鼓励椿年好好学习，学成后考试做官。她教育李椿年，一个人在世上只有有权、有钱或有能，才能为国、为民做好事。无这"三有"，想做好事都难。她经常讲历史人物的故事给儿子听，让他向古代名人学习，做一个对社会有用的人。如孟母三迁，孟子成了圣人；李冰父子治理都江堰，消除水患，造福于人；朱买臣卖柴读书，终位列九卿；王羲之练字，洗笔把家门前一池水都染黑了，砚台磨凹成堰，成了大书法家；唐朝大诗人李白年少时也厌烦读书，直到一日他见一位老太婆用铁杵磨针，受到启发，决心刻苦读书，日后成了诗仙。程仰平问李椿年这几个故事说明什么？李椿年答：要想做一件事，需要吃苦，再就是坚持。程氏说："你讲得很对。只要功夫深，铁杵磨成针；吃得苦中苦，方为人上人。"

程仰平对儿子说："唐朝魏徵为人刚直，不说假话。他原是太子李建成的谋士。玄武门之变，李世民除掉了李建成，父亲李渊让位给他，史称唐太宗，也是我们李家的老祖宗。他当了皇帝后，问魏徵'为什么不好好辅佐李建成'，魏徵答：'太子不听我的话，如果听了，至少不会死。'唐太宗认为魏徵刚正，不说假话，不仅不责怪魏徵，反而重用了他。一日，唐太宗正在戏耍一只可爱的鹦鹉，听说魏徵来了，急忙将鹦鹉藏在背后座椅上，用衣服遮盖捂紧，怕魏徵批评他'玩物丧志'。两个人说了一会儿话,魏徵离去,再看那鹦鹉时,已经闷死了。在我国,帝王的权力至高无上,为天下第一人,唯唐太宗怕大臣。但惧怕大臣的他不是怕魏徵这个人,而是怕公正。所以,他治理国家小心谨慎,生怕出错,将大唐治理得很好。那时,生产大发展,国家强大,俨然当时天下第一强国。人民生活富裕,丰衣足食,安居乐业,后人称赞那个时期为'贞观之治''太平盛世'。唐太宗不仅将一个大国治理得井井有条,还总结经验,讲了不少很有哲理的话,如'以铜为镜,可以正衣冠;以史为镜,可以知兴替;以人为镜,可以明得失'。我们要听老祖宗的话,做一个利国利民的人,要像唐太宗那样,心里装着民众,为民众谋幸福,千方百计地为贫困的人减轻负担,消除痛苦。"

一日,程仰平去东埠街,路过五里亭时,见亭内地上铺了一些稻草,草上铺着一床粗土布破棉被,被中躺着一个人,一个六七岁的男孩在边上哭泣。程仰平便问他何故。男孩指着被中人说"妈妈病了"。她低头看了看,心想这娘俩准是饿了。于是她跑去东埠街买了十个包子,又到熟人家里借了一个竹筒并盛满茶水,赶回亭中。她掏出两个包子先给小孩吃,然后,蹲下看那个女人,觉得与自己年龄差不多,便说:"我不知叫你姐姐还是妹妹。你先喝口茶,再吃包子。"她边说边扶那个女人坐起来。那女人喝了口茶,慢慢咽下了一个包子,有气无力、断断续续地说:"我是江北淮南人,夫家姓李。

今年淮河发大水,堤被冲垮,我家被淹,庄稼被毁,丈夫因抗洪被水冲走,家毁人亡,只好带儿子外出逃荒,乞讨到这里。听说不远处有个丰田村,全村人都姓李,衣食无忧,日子过得还平稳,便想去投靠李家,求给条生路。走到这里,因病走不动了。我死不足惜,可怜我的孩子,无依无靠,何以生存?我看姐姐是位好人,便想将这个儿子托付给姐姐,算你多生一个。你行行好,今生不能报答你的恩情,我来世做牛做马报答你。"程仰平说:"妹妹年纪还轻,莫说绝话,人难免生病,哪有一病就死的呢?我家也姓李,本是一家人,尽管我家人多,但也不多你母子二人的吃喝。就留在我家吧!"说完,她跑回家,叫来两个男人用一把竹靠椅将那女人抬到家里,先用红糖与生姜泡开水让她喝下以驱寒,后又找村中郎中为她看病,亲自煎药,服侍周到。奈何那女人病入膏肓,数日后便死去。程仰平按乡间习俗,用棺材收殓,入土安葬,又遵妇人之嘱认小孩为儿子,改名李延年,送他与哥哥椿年一道上学。延年读了两年书,还认不得几个字,她认为这孩子不是读书的料,见他生得魁梧,便让他改学武。她想,椿年学文,延年学武,文武双全,日后兄弟互帮。后来,她又陆续生了三个儿子,分别取名大年、康年、亿年。

在李椿年十二岁那年秋后,程仰平带着李椿年回娘家,路过鹅颈滩(今鹅湖镇所在地),见两个公差扛着一头猪,后面有一个农妇在哭喊,猪叫,人哭,招来了许多人围观。她是个热心肠的人,便驻足问那女人哭什么。那女人告诉她,家有三亩田,去年卖给了本村吴二爷,今年徭役仍要她交田赋。没有田,哪有赋?她交不出,徭役就捉她养的猪来抵赋。程仰平想,这事不公平,赋随田走,天经地义。那个田赋,今年应由吴二爷交。出于义愤,她去找吴二爷讲理。吴二爷是丰田都的乡绅,又是财主,平日里大家都怕他,但程仰平不怕。她问吴二爷,去年你是否买了那人的田?吴二爷财大气粗,毫不隐瞒地承认了,并骂她一个过路人,别管闲事!程仰平理直气壮地说:"路不平,行人铲;事不平,众人管!"吴二爷问她是谁,管什么闲事。程仰平说:"我是谁并不重要,不公平的事,我管定了!"吴二爷不依不饶,再次问她是谁,程仰平说:"你要问我是谁,我就坦诚地告诉你吧,我是庄湾程老员外的女儿,本都保正的儿媳妇,媳妇为公爹管正事,不是闲事吧!你不交这笔田赋,有人有权要你交!不信走着瞧!"吴二爷一听立即软了下来:"我交,我交!"程仰平又对两个公差说:"吴二爷答应由他交这笔田赋,胆敢再去为难这个女人,小心你们的饭碗!"说完,她带着椿年扬长而去。出村后,程仰平对李椿年说:"遇事时,要胆大。对那种懂理不讲理的豪强富户,首先不用怕,其次来硬的,要蛮,要狠,逼他服。你看,为娘几句蛮话,他不就乖乖地答应了吗。如今这世道不公平的事太多了。椿年,你要好好读书,力争做个朝廷命官。有了权,要为穷人做主、讨回公道。"李椿年点头答应。

李椿年的老师(当时称先生)李舜田是丰田村人,论辈分是李椿年的叔祖,与王安石是同榜进士。王安石被派到浙东鄞县(今宁波市鄞州区)任县令时,李舜田被分到浙东某县任职。两人常在一起探讨国事,他觉得王安石德才兼备,有胆有识。在鄞县任职期间,王安石为民办了很多实事,亲自领导县人利用农闲大力兴修水利,鼓励与支持农民发展生产。该县年年丰收,百姓有吃有穿,社会安定,这令李舜田很佩服王安石。王安石调任为京官,不久升任宰相。李舜田坚决支持并参与了王安石为改变国弱民穷的面貌所实行的"变法"。后来,支持变法的神宗去世,哲宗年幼登位,又起用了反对变法的司马光为相,罢了王安石的相,李舜田也受到牵连,被贬。他觉得大丈夫不能闻达于诸侯,不能为富国利民出力,不如回归田园教书育人,从中发现人才,将实现理想的希望寄托于后人。因此,李舜田辞官不当,回乡教书。当发现族孙李椿年聪颖好学,他仿如见到东方一线曙光。于是,李舜田将改变国弱民穷的局面的变法思想及平生所学,原原本本地传与李椿年。他不断向李椿年灌输变法思想和其意义与方法。他说,春秋战国时期,经过战争,一些弱小的国家被吞并,最后剩下齐、楚、燕、赵、魏、韩、秦等七大国,其中秦国地处黄河中上游,自然条件、生产力和国力,都比不上其他几国。因此,秦国重用商鞅变法,废井田,开阡陌,实行土地私有制,废除奴隶制,改变了生产关系,提高了生产力,生产得到大发展,人民富裕,国家强大起来,最后以武力吞并了六国,统一天下,建立大秦帝国。西汉武帝时,北方的匈奴国强大起来,经常举兵侵略西汉疆土,汉武帝为了抵抗匈奴,穷兵黩武,致使国弱民穷。这时候,洛阳有个商人的儿子,名叫桑弘羊,他根据国情,向汉武帝上书,提出盐、铁由国家统购统销并从中谋利,以达到富国强兵的建议。汉武帝采纳了他的意见,并提拔他为大司农。他又提出"平准务",即由国家放贷,支持农民发展生产。生产发展了,农民富足,国家富强,匈奴就不敢侵犯了,就能使天下太平,人民安居乐业。本朝太祖赵匡胤,被豪强富户拥立为皇帝,因此他维护豪强富户利益,准许他们占并他人土地与财产,又同意他们自行陈报家产纳税。这些豪强富户往往以多报少,造成国家赋税流失,贫民下户负担过重,致使国弱民穷。王安石为了国家强大,人民富裕,抑制豪强富户的占并,实行"新法",其中有《方田均税法》《置将法》《保甲法》《均输法》《青苗法》等,实行后,起到很大作用,却遭到以高太后为首的一些人反对,被废除了。并不是变法不好,只是变法与反变法的力量有悬殊。要想改变国弱民穷的现状,只有变法一条路。

自此,变法思想在李椿年的头脑中深深扎了根。他立志变法,除害兴利,利国利民,彻底改变国弱民穷的面貌,实现国强民富。

北宋徽宗重和元年(公元 1118 年),李椿年进士及第,时年二十二岁。家族在宗祠内摆酒设宴,庆贺他"金榜题名",其遵父母之命迎娶浮梁天宝郑氏女洞房花烛。双喜过后,李椿年一直在家等待朝廷任命,任命书却迟迟不来。三年后,本县浯溪都人鲍琚中了进士,不久,朝廷便任命他为安仁县(今江西省余江县)县令。李椿年的老师李舜田知道后,便问李椿年:"你中进士后,有何言论与行动?"李椿年答道:"我在琼林宴上,向圣上递了一道奏章,内容大意是,为改变国弱民穷的状况,建议行《经界法》。"李舜田说:"原来如此。幸好你是中进士之后上奏章,若是在考试之前,恐怕进士都考不上。自王安石变法失败以后,朝廷忌恨变法之人。凡举子在考试文章中有变法、变革、革新、创新等言辞,文章写得再好,也不录取。这可能是你一时难以授官的缘故。"不久南方又爆发了方腊起义,社会动乱。李舜田对李椿年说:"大乱,必有大治,有你大显身手之日,不用着急。一时不能出仕,看起来是坏事,又是好事。你可在家做些准备。我问你,当今国家最大的弊病是什么?"李椿年答:"社会财富分配不公。国弱民穷,它像纺锤,中间大,两头小,我要削弱中间,弥补两头。"李舜田问:"你从何处入手?"李椿年答:"我从均税入手。"李舜田又问:"怎样均税?"李椿年答:"丈量田地,核实田亩。"李舜田又问丈量田地、折算田亩的具体方法,李椿年答不上来。李舜田教导他说:"你先和李德俊等人商议,求出折算田亩的方法,再考虑选用什么工具丈量田地。有了具体方法后,在家乡试行。你父亲是保正,一定会支持你,乡亲们也会支持你。当年诸葛亮未出茅庐,胸中就有三分天下的战略构想,你李椿年未入仕途就有经界法的具体实施方法。农民尚且知道磨刀不误砍柴工,你用闲时磨磨刀,去削弱中间,弥补两头,不是更好吗?"

　　李椿年深受启发,便与同学李德俊一起反复计算田亩数,得出五尺见方为一步,六十步为一角,四角为一亩。他采用三根各五尺长的木棒合成三角,为丈量田地的工具。征得父亲同意后,他先从自家田地量起,逐户登记造册,三个月就完成了丰田村经界试行任务,得到时任浮梁县令辛次膺的赞扬。

二、重文抑武　国弱民穷

　　李椿年与他的《经界法》为什么能有用武之地，这都是因为宋朝积贫积弱的国势。而造成这一切的根源则在于宋太祖赵匡胤。

　　宋太祖赵匡胤祖籍涿郡（今河北涿州），他出生于洛阳夹马营，自小家无产业，他父亲用箩筐挑着他兄弟俩逃荒。及长，他无职业，一直在河南境内流浪，是一个地地道道的无业游民。河南地处黄河南岸，那时，黄河下游两岸水土流失严重，河床淤积，有些地段河床比南岸的地面还高，一遇大水，冲毁堤坝，洪水泛滥，百姓受灾。水灾过后，往往继而是瘟疫、旱灾、虫灾，加之河南又地处中原，像磨盘的中心，东、西、南、北都会沾到它，历代帝王多在这里打仗争天下，名曰"逐鹿中原"。因此，居住在河南那片土地上的老百姓常常遭受天灾人祸，苦不堪言。穷苦是个坏事，却能激励人奋发图强。"穷则思变"，穷人苦惯了，没有负担，不怕苦，不怕累，不怕事，不怕死。往往穷地方容易产生英雄好汉。赵匡胤就是在此环境中成长起来的。他因为家中穷苦，没有上过学，却练了一身好武艺，使一根铁棍，有万夫不当之勇。他在江湖中混，喜欢看戏剧、听曲文、听说书、听故事,从中学到了孝亲、义友等知识,他的历史知识、为人之道是听来的,又有几分侠肝义胆,乐于助人,救困扶危。野史上记载有《千里送京娘》的事迹:赵匡胤为救助一个素不相识的落难弱女子,曾单枪匹马千里护送赵京娘回家,两个青年男女相处十多日未越雷池一步,堪称佳话。

后来,赵匡胤在江湖上又结识了一个茶贩柴荣,两人以兄弟相称。适逢乱世,柴荣的姑丈郭威跟随后来成为后汉开国皇帝的刘知远打天下,而由郭威抚养长大的柴荣自然随之弃商从戎,并在后汉政权中做到高官。不久,赵匡胤也投奔到郭威旗下,而此时刘知远已死,新继位的小皇帝怕郭威功高盖主,便杀了他的两个儿子,从而激起了郭威的反叛。手握军权的郭威很快就消灭了后汉势力称帝,史称"后周"。由于郭威在儿子被杀后无子嗣,因此,柴荣就成了名正言顺的皇位继承人。没过几年,郭威死去,柴荣正式继位。柴荣当了皇帝后,把兵权交给义弟赵匡胤,并封他为宋公。没过几年,柴荣死了,传位给八岁的儿子柴宗训。柴宗训即位不久,辽国兴兵南下,幼主令赵匡胤领兵出征。出京城不远,路过一个叫陈桥驿的地方,赵匡胤安营扎寨住下。众将议论,为一个不懂事的孩子去卖命,不值得!不如拥立宋公赵匡胤为帝,大伙都可成为开国元勋。虽有此想法,但他们不敢轻举妄动,便悄悄地去试探赵匡胤的军师赵普和其弟弟赵匡义,这俩人不置可否,等于默认。于是,众将商定用酒把赵匡胤灌醉,拿出早已绣好青龙的黄袍披在赵匡胤身上。旧社会,黄袍加身是杀头的大罪。赵匡胤借酒装醉,半推半就地当了皇帝。这就是中国历史上有名的"陈桥兵变""赵匡胤黄袍加身"典故的由来。赵匡胤当了皇帝后,下了一道口谕,保护柴宗训母子安全,柴家子孙也可以世袭为王;留用后周朝中的文武大臣;不扰百姓。周代众臣听说赵匡胤为众将拥立为帝,又重用他们,便开城门迎接赵匡胤入城。柴宗训年幼,听说赵匡胤当了皇帝,封他为王,还可以子孙世代承袭,尽享人间荣华富贵,也很乐意禅让。赵匡胤登基后,改国号为大宋,史称宋太祖,定都于河南的汴京(今开封市)。不久,南唐后主李煜来降。那时,除了党项、契丹等少数民族,天下一统,结束了藩镇割据、长期混战的局面。

赵匡胤当了皇帝后,为了维护与巩固政权,认真地总结唐朝的经验教训。他认为唐朝的文臣好,一个个、一代代的文臣忠心耿耿对待唐皇。但是武将掌握了兵权又有地盘,便拥兵自立,发动战争,互相拼杀,之后梁、唐、晋、汉、周无一不是武将夺权建立起的国家。一日,宰相赵普对他说:"臣凭半部《论语》辅佐圣上治理天下。"没有念过书的赵匡胤听后说:"单凭半部《论语》就能帮助朕治理天下,真了不起,若是读了全部四书五经,更了不得!"他觉得治国安邦,还是文人重要,于是制定了"重文抑武"的政治路线,并凭其自学的一点文化,写了一份诏书:"凡日后文臣,有污圣上,即使犯下杀头之罪,可判流放。"他将此诏书刻在铁皮上,存入密室,并嘱日后子孙为帝者,每周到密室阅览一次,以免忘记遗训。

国家安定后,赵匡胤就开始着手罢免将帅兵权。一日,他摆酒设宴,犒劳那些跟他一起南征北战的功臣武将,向他们一个个敬酒,并说:你们冲锋陷阵,实在辛苦,且有性命之忧,不如交出兵权,找个清静地方安居下来,过清闲自在的日子,享享清福。朝廷初立,没有钱财犒劳你们,你们可以任意占有土地与财产,不要你们和你们的子孙出工、出费。田赋由你们自报,该交就交。我保证维护你们的切身利益。这就是中国历史上有名的"杯酒释兵权"。这一点,他比汉高祖刘邦称帝后大肆杀害功臣,要高明得多。

接着,宋太祖又制定了保护官员、巨贾、豪强富户利益的措施。为了便于操作,他将全国人户,划分为五个等级。

一等户:指官户,从一品到九品的官员,包括子贵封父、父贵荫子的文散官,如奉议大夫、通顺大夫、承信郎、迪功郎、将仕郎等,还准许其子孙代代承袭。

权势户:指九品以外的吏员和地方的保正、保长等乡绅、富户(地主)。

二等户:豪商大贾。

三等户:教书先生、武教头、医生、画家、科技人员,有一技之长的脑力劳动者。

四等户:以耕种为业的农民、乡间手工业者、城镇作坊的工人。

五等户:释(和尚、尼姑)、道人、麻衣相士、地舆先生、算命先生、打卦先生、巫婆、神汉、普通士兵、衙役、车夫、轿夫、马夫、吹鼓手、摆渡船夫以及富户家的家奴、丫鬟、长工,还有梨园子弟、娼妓、流浪汉、乞丐等。

一、二等户和权势户,有田地、房屋的,每年交春秋的税。家产由他们自行陈报,官府不得责令其出役、出费。

三等户有田的交田赋,有房产的交房税,要出役、出费。

四等户税、役、费全要出。当时的费很多,如人头费、户口费、保甲费、车马费、运输(农产品产地运到京城的差价)茶水费等十几种,凡十六岁到六十岁的男丁,每人每年必须出工十天,内容包括朝廷工程建设,挑军担,修筑黄河、淮河堤坝,架桥,修路,拉纤等。

五等户赋、税、役、费全不出,成了自由自在的特殊国民。

上述政策推行后,官户、豪强、富户有了特权,肆无忌惮地占并老百姓的田产与房产,占并来的田地、房屋,又不办理过户手续,得产者,有产无税;无产者,"产去税存"。官户、豪强、富户,自行陈报产业,往往以多报少,隐瞒欺骗,不交或少交国家赋税,又利用手中权势,对赋、税、费、役自行摊派,把本应由他们出的赋、税,转嫁给老百姓负担。国家赋税收不上来,老百姓负担过重,导致国弱民穷。

社会财富分配不公,导致贫者愈穷,富者愈富,两极分化严重。据20世纪80年代出版的《简明宋史》记载:淮东地主张拐腿,年收租谷七万石;湖南常德府查市富户余氏年收租谷十万石;金州石泉县富民杨广家有积谷,可供他全家食用三十年;南宋枢密院正使张俊年收租谷六十万石;大将杨沂中在楚州一处,就有农田三万九千亩。正如西汉董仲舒曾经描写过的当时的社会情况一样："富者田连阡陌，贫者无立锥之地。"北宋的这种情况比西汉要严重得多。在反映北宋末年社会动乱的《水浒传》中，也对这一情况做了阐述。小小祝家庄庄主祝朝奉，竟敢向梁山叫板。祝家庄敢与梁山交战，足见祝朝奉的财力、兵力何等雄厚，而梁山打败了祝家庄，从那里获得白银数万两，粮食五千万石，好马五百余匹，绫罗绸缎不计其数。

北宋末年，宋徽宗赵佶在汴京造御花园，要江南太湖出产的花岗石去点缀花园，江东朱勔承办这项工程，从中获利，数年就成了暴发户。他的财富可以敌国，时人称他家为小朝廷，称他为小皇帝，江南许多州县官员都出自他的门下，方腊起义时所打的旗号便是"诛朱勔"。

当时的老百姓受国家苛捐杂税的压迫，更受豪强富户的压迫、剥削，生活在水深火热之中，苦不堪言，只好逃避。他们或背井离乡成为流民；或出家当和尚，沦为五等公民；或铤而走险，集众造反当"强盗"。当时，有两句流行语："官逼民反，不得不反""走投无路，逼上梁山"。农民起义，历朝历代都有，唯北宋最多，据古书记载，北宋一百四十多年间，农民起义多达一百四十七起，起义军占山头，据湖泊，"替天行道，劫富济贫"。北宋末年，江南的方腊起义聚众最多，势力最大，兵多将广，但这些起义大都有个共同特点："只反贪官，不反皇帝"，这又得益于赵宋的重文政治路线。宋朝倡导以忠孝为本，以《论语》为教科书，儒家的"克己复礼""三纲"（君为臣

21

纲,父为子纲,夫为妻纲)、"五常"(仁、义、礼、智、信)像数条绳索束缚了他们的思想和手脚。

赵宋"重文抑武"的政治路线,也像农民种地一样,种瓜得瓜,种豆得豆。中华人民共和国历届领导人都以"中国应对人类有较大的贡献"为己任。而纵观中华几千年的文明史,宋代在文化领域对后世贡献最大:"唐宋八大家"有六位出自北宋;盛行于这一时期的宋词可与唐诗媲美,它比唐诗更通俗易懂,贴近生活;司马光主编的《资治通鉴》、洪迈的《容斋随笔》、朱熹的《四书章句集注》、吕祖谦的《东莱博议》等都是中华文库中的瑰宝;现在仍通用的宋体字虽成型于明代,却是以"宋"命名,宋体字端庄、工整、清晰、秀丽,而宋代的书法家有"苏黄米蔡"四大家;在绘画领域,有反映北宋城市经济写照的风俗画《清明上河图》,也有宋徽宗赵佶的工笔花鸟画;元代的《二十四孝》故事中,朱寿昌和黄庭坚也出自宋代,不得不说,这与宋代的"重文抑武"是密不可分的。

《易经》是智慧库,它又是打开智慧库大门的钥匙。宋代研究易学的人很多,成了时代的风尚,陈抟与邵雍在易学上有很高造诣。周敦颐、程颢、程颐、朱熹、陆九龄、陆九渊等人从道学、儒学入手,研究出一种学问——理学,它的中心思想就是"存天理,灭人欲"。

理学思想的传播,造就了许多忠臣、烈士。北宋包拯,被人称为铁面无私的包青天,他成为后代官员清廉公正的楷模;南宋建炎三年(公元1129年)金兀术率兵突破长江天险,宋高宗逃跑,建康府通判杨邦义(江西吉水县人)组织民众自己拿起武器抗敌,战败被俘,誓死不降,宁死不当金国的官,被金兀术剖腹掏心在雨花台的后背山上;洪皓出使金国,被金主扣留十多年,令他去北边牧羊,他不屈膝,不投降,不辱使命,时人称他为宋代的苏武;李若水随被俘的宋钦宗至金营,当面痛骂金人狼心狗肺,金国统帅粘罕恼羞成怒,令人先后割其舌、剜其目、断其手,李若水最后壮烈殉国;蒙古忽必烈举兵侵略南宋,国已破,宰相文天祥仍组织义军抵抗,终因寡不敌众,兵败被俘,元主许以高官厚禄,他宁死不当元朝官,就义前写下了"人生自古谁无死,留取丹心照汗青"的千古绝唱,激励后人爱国忠君;陆游文武双全,年轻时参军,当了一名小官,曾挥戈上阵,抗击金兵,八十多岁了,仍念念不忘收复中原失地,弥留之际,吟出"死去元知万事空,但悲不见九州同,王师北定中原日,家祭无忘告乃翁",以示儿孙。

"重文"的宋代是个创新的时代、文化鼎盛的时代、名人辈出的时代,但与此同时,"抑武"却最终导致了宋朝的覆灭。

宋朝的边境一直不太平,先有辽、西夏、金,后有蒙古,而赵宋朝廷在与这些少数民族政权的战争中总是输多赢少。可以说,正是这种外敌紧逼时,步步退让的文人思想,导致国土一点点被蚕食,到了南宋甚至只能偏安一隅。宋朝并非没有名将,但像李纲、岳飞都没有得到善终,主战派的武将最终被投降派的文臣谗害,这几乎是所有宋朝名将的悲剧模式。造成这一悲剧的根源就是"重文抑武"。

由于赵匡胤是"黄袍加身"即位,他担心历史重演,故在"杯酒释兵权"后进一步削弱武将的权力,将所有军权集中于皇帝一身。同时,他担心地方节度使出现唐末那样的藩镇割据,因此规定军队每一两年就要换防一次,这也造成了"兵不识将、将不识兵、兵无常帅、帅无常师"的怪状,这样的军队显然是没有战斗力的,屡战屡败也就不足为奇了。在明代熊大木的小说《杨家将演义》中塑造了一个完全不懂带兵打仗的奸臣潘仁美,他文官挂帅,最终害得杨老令公撞李陵碑而死,杨家将几乎全军覆没,也算是后世对宋代"重文抑武"的一种解读。

三、南宋高宗　功大于过

　　宋高宗赵构是个有争议的历史人物。在小说《说岳全传》中，宋高宗被刻画成一个"昏君"。笔者少年时，看了《说岳全传》、阅读了林升写的"山外青山楼外楼，西湖歌舞几时休？暖风熏得游人醉，直把杭州作汴州"的诗句后，也认为宋高宗赵构是"昏君"。因此，笔者在20世纪编撰的《李椿年与经界法》的简本中，也写了昏庸的宋高宗偏听偏信，罢了李椿年的官。后来，笔者查阅了一些古籍，发现赵构一生仍然做了一些利国利民的好事，功过相比，结论是"功大于过"。作为南宋的首个皇帝，赵构死后庙号"高宗"，这足以证明他并不昏庸。

　　赵构为宫女韦氏所生。韦氏出生在江南一个农民家里，被选入宫为宫女，一日与宋徽宗偶遇，被徽宗看中其姿色，令其侍寝，不久后，生下一个儿子，取名赵构。旧社会讲究门第背景，赵构的外祖父是个农民，母亲是个宫女，与其他皇子比，地位低微，被人歧视。"靖康"前，金国与宋朝交战，宋败求和，金国强要宋朝送一个皇子去金国为人质，以表诚意。宋徽宗只好选派地位低微的赵构去金国。去金国时,要有臣子护送,徽宗指令大臣张邦昌、新科状元秦桧当护送使。张邦昌本不愿意出这份苦差,他怕成为第二个洪皓,但又不能抗旨,一路上满腹牢骚,加之老气横秋,不把赵构放在眼里,有吃自己吃,有喝自己喝。而秦桧初入仕途,又与赵构年龄差不多,自然友好一些,把赵构当主子看待,有吃喝先给赵构,服侍周到。一开始,赵构哭哭啼啼,秦桧劝他乐观些。他说,金国第一次要圣上送一个皇子为质,圣上舍不得皇子去,便在民间找了一个要饭的儿童冒充去了金国。那乞丐苦惯了,不以为苦,整天乐呵呵的,被金人看破,将他遣送回宋。你也要乐观些,或许可以回来。从此,赵构不啼哭了,脸上有了笑容。到金国后,金国四太子、征南元帅兀术看中赵构眉清目秀,认为干儿子。因此,"靖康"之后,金国对他看管不严,赵构乘机逃了回来。宋徽宗生了四十八个儿子、三十六个女儿,大部分儿女在"靖康"之乱时被掳了去。原本为第九子的赵构逃回汴京后,成了徽宗最年长的儿子,朝中大臣便立他为帝。"靖康"之乱,汴京被金兵洗劫一空,宗庙、宫殿尽毁,宰相李纲(福建人)和出生在南方的官员主张迁都南京,理由是金兵熟悉汴京的地形地势,唯恐金兵重来,汴京无险可守,何况宗庙、宫殿维修也要花很多钱,而南京有长江天险,加之北人怕水,比汴京更适合作为国都。于是,赵构迁都南京,留下元帅宗泽(浙江金华人)留守汴京、镇守黄河。金国见赵构逃回,当上南宋皇帝,决定趁赵构立足未稳,将南宋政权扼杀在襁褓中,遂于南宋建炎三年(公元 1129 年)春,举兵八十万杀来。宗泽将军因时患背疾,无力抵抗,大喊"渡河"数声,悲愤死去。山东济南知府刘豫则成了金国扶植的傀儡政权的皇帝。金兵如入无人之境,很快兵临南京城下,宋高宗带着大臣吕昌浩等六人逃到杭州。金兵突破长江天险,兵分两路,一路由完颜宗翰领兵从江南进入江西杀到赣州;一路由兀术带领紧随赵构逃跑路线追赶。赵构等人又从杭州乘船逃到温州。幸好,岳飞带领一支人马随金兵背后南下勤王;南方大将张浚和老将王渊各领一支人马勤王。四川吴玠兄弟领兵经重庆沿长江而下平服了完颜宗翰。王渊、张浚、岳飞三股力量合围金兵,军民合力,将金兵打败。金兵在江南河网地带发挥不了骑兵优势,节节败退。在横渡长江时,兀术又被韩世忠父子领兵阻拦,金兵进退两难,走投无路,又误入了"黄天荡",韩世忠令聚在镇江至安庆江面上的战船一字排开,扼住江口,将金兵几十万人马困住48天,金兵几乎全军覆没,大伤了元气,黄天荡之役后,兀术十年不敢南下。另一边,赵构等人从温州回到杭州,见杭州风景秀丽,西北有大山作为屏障,东边面临大海,能进能退,决定以杭州为国都,遂改年号为"绍兴"。

赵构在杭州重新当了皇帝。甫一安定下来,他便着手为过去的一些冤假错案平反;更正了过去的"抑武"路线,起用了韩世忠、岳飞等一批战将,并准许他们带兵、募兵;派遣监察御史刘大中等五位大臣分别到全国各路、州、县考核官员的政绩,惩贪官、举贤良。他经常对臣下讲:"君子刚而易疏,小人柔而易亲。朕以此观察和起用官员,不敢疏忽。"

宋高宗深知抗金需要全国上下齐心协力,更明白君臣一心的道理。刘光世的部将杀害了韩世忠手下的一员大将,自此,韩、刘结仇。宋高宗知道后,规劝他俩仿效战国时期廉颇与蔺相如,由不和成为刎颈之交。韩世忠识大体、顾大局,主动上门与刘光世交谈,俩人尽弃前嫌,和好如初。胡铨当着高宗与秦桧的面,揭发秦桧的罪行。他说:"圣上是太阳,光芒万丈、普照大地,给人们以温暖与光明,而秦桧却像片乌云,遮住阳光,致使天下黑暗。秦桧是金国的内奸,他出卖国家,陷害忠良,老百姓恨他入骨,请圣上杀他的头,将其首级悬在城门上,以谢国人。"秦桧听后,又恨又气地说:"胡铨犯上作乱,按律当斩。请圣上杀他,以解我心头之恨。"宋高宗对秦桧说:"你身为宰相,常言道,宰相肚里能撑船,你难道容不下一个胡铨!他当面指出你的过错,总比背后诽谤好!你有则改之,无则加勉,何必与他计较呢?"

时人畏惧金兵,赵构为了消除人们的顾虑,树立南方人战胜北方人的信心,经常对臣民讲南方人勇敢战胜北方人的事例,如:西汉李陵的部队作战勇敢,屡败匈奴,其士兵全是在江南招募的;三国时赤壁之战,曹操败于周瑜;东晋淝水之战,符坚败于谢玄,岂是北人常胜哉!越王勾践率三千越甲吞吴,成为春秋最后一个霸主,他们是北方军马吗?秦始皇焚书坑儒时,有位高人预测,亡秦必楚。结果不到20年,楚人项羽、刘邦推翻了暴秦。打仗不仅靠的是体力,更主要是智力,再加上号召力和凝聚力,团结就是力量,万众一心才能气吞山河,坚不可摧。

低微的出身,让赵构能够接地气,体察民间的疾苦。他见种田、养蚕人辛苦,便令人画出农民种田、养蚕的图,分幅展览,令朝中大臣们前去参观。赵构在位期间,不铺张、不奢靡。他生活节俭,一年大旱,他坚持食素,不吃鱼肉。宋高宗在位期间,朝廷三省六部、枢密院、大理寺等官员不足七百人,比历朝历代的中央官员都少。他也是个奋发图强,不贪图安逸之人,他对宰相赵鼎说:"朕亦有日课,早上退朝后,圈阅臣工们的奏章;中饭后,阅读《春秋》《史记》;晚饭后,夜读《尚书》至三更。"此外,赵构还是个出了名的孝子,贵为天子,还能亲自端水为母亲洗脚,这同样是值得肯定的。

对于《经界法》,宋高宗同样给予了大力支持,而在他的努力下,民间轻工业、文化产业、外贸、金融都非常繁荣。《宋史》把赵构和汉光武帝刘秀相提并论,称其为"中兴守成之明君"。

四、初仕宁国　稽考赋税

李椿年于南宋绍兴二年（公元 1132 年）出任江南东路宣州宁国县县令。

宁国县地处长江南岸，境内呈"八山半水一分田，半分道路和庄园"的地貌，属丘陵地带。农业以种植水稻为主，兼养家畜、家禽，山上种植竹、树。南宋时，全县三万五千零五十七户，五万一千零七十一人。丰年，粮食自给有余，县的规模、人口素质、经济状况，均属中等。全县二十三个都，县东一片较大，有十二个都；西南五个都，与泾县交界；西北六个都。

浮梁与宁国县相距不远，约 200 公里。

李椿年带着弟弟李延年步行赴任。两人翻山越岭，经休宁县、歙县、绩溪县，花了四天半时间到达宁国县城。前任王县令尚未离任，他接待了李椿年。李椿年对王县令说："下官初入仕途，没有经验，敬请老前辈留下来指导我，您老的日常生活起居，由我侍候。"王县令说："老朽年老体弱，家有妻室儿女，只想回家颐养天年。明

30

日,我备下薄酒,一为你接风洗尘,二介绍你和同事认识,然后办理交接手续。"

翌日,集合了数人,王县令向同事们介绍新县令:李椿年,饶州浮梁县人,北宋徽宗重和元年进士及第,年轻有为。他又向李椿年介绍县丞李正、县尉张彪、教谕吴柔胜,并介绍说吴柔胜很有学问,熟悉《易经》,又是本县名士,对本县风土民情了如指掌,日后可多多征求他的意见,希望各位多多支持与帮助李县令将宁国县治理好。接着,李椿年对各位拱手道:"李某初来乍到,又初入仕途,缺乏经验,日后还请各位多多帮助与指教,共同把宁国县治理好,上不负皇恩,下不负万民。"在办理交接手续时,王县令交代,仅一件积案没有及时处理,为陈氏两兄弟相争田产案,有待他俩觉悟,主动握手撤诉,再归还其田产。当日,李椿年调阅了这件积案,想了想,提笔做了批文。判词是这样写的:"牛力大,为人耕田,犬灵敏,为主守业,忠也;羊有跪乳之恩,鸦有反哺之义,孝也;马能行,甘为人代步,蜂能飞,忙于酿蜜,义也;鸡非晨而不鸣,燕非社而不至,信也。禽兽昆虫都知忠、孝、义、信,你二人有思想、有文化,难道不如畜生?古人张公艺九代同堂,全家数百口和睦相处,传为美谈,难道你俩不晓?田氏兄弟分家,门前荆树枯萎落叶;谢家兄弟分产,老牛流泪。难道你俩不知?同室操戈,手足相残,父母有知,二老汗颜。陈仲仁,而不仁;陈仲义,而不义。我不打你们,尔等自责之,有了觉悟领回田产。"陈氏兄弟听了判词后，感动得抱头痛哭。李椿年见他俩悔过，立即归还了田产契约。此事，《宁国县志》上有记载："还陈氏兄弟田"。

处理了积案后，下一步该做些什么？李椿年心里没底，他想起母亲的教诲，有问题、疑惑，就到民众中去走访，征求他们意见，听听他们的呼声，看看他们有什么要求。来县第三天，他便吩咐县丞李正："我下乡去走走看看，你在衙内主持工作，能处理的事，你大胆处理，待我回衙后，将事情原委告之；不能处理的事，待我回来后，共同商议处理。"

第四日，李椿年带着弟弟李延年，身穿来时衣衫，向东走去，到桥头、狮桥、中田等地，进饭店、入茶馆，歇凉亭，驻田头，凡人多的地方，他就去，同人拉家常、话桑麻。俩人之后又到三元、仙霞、去梯、杨山、大龙、万家、银家，花了三天，跑了十一个乡村。回县待了两天后，两人又马不停蹄去了西南的板桥、方塘、上坦、胡乐、鸿口，接着，去了西北的济州、古龙山、上门、丧门、港口、汪溪等地，察看了东津河、中津河、西津河与水阳江和十六都墩陂水利工程。经走访、询问，李椿年收集了群众的一些意见。他边走边想，人们普遍盼望社会安定，要求减税、负担公平，县衙不得任意摊派赋、税、费、役。回衙门后，他去找吴柔胜商议，"我花了八天时间到外面走走看看，听取了老百姓的意见，归纳起来，当前人们有四怕：一怕金兵入侵；二怕盗贼为患;三怕税、赋、费、役负担不公;四怕水灾。我们应该为老百姓排忧解难。这四件事,只要认真组织去做,其实都不难。常言道'兵来将挡,水来土掩'。国家有将士,他们为国,不可能为我们一个宁国县,我们要靠自己。我想组织民兵,把分散的年轻力壮的农民组织起来,加以操练。这就好比一根根的线,组织起来形成网,力量就大了。假如金兵入侵,我们利用熟悉的地形,张网捕鱼,可令来犯者丧身网中。有了民兵震慑盗贼,百姓前两项担心就可以消除。我们还可利用农闲时间,一面训练民兵,一面兴修水利,做到该堵就堵,该疏就疏,水患又可消除。再将历届文、武秀才和举人利用起来,充分发挥他们的积极性,让他们为家乡出力,相信他们是会乐意的。组织文秀才利用一个冬天的时间,对全县按户进行田地登记,核实田产,均平赋、税、费、役,合理负担,也容易做到。请你提供历届全县文、武秀才和举人名单以备后用,你看如何?"吴柔胜说,"县令想得周到。我补充两点:一是请武举人担任武教头,传授民兵武艺;二是利用地势修筑防御工事,闲时办好急时用,有备无患。若将天、地、人三者结合在一起,更力大无穷。"李椿年说,"你这个意见很好,不过,办事要一桩桩地办。先组织民兵,由下而上组建。凡十八岁以上至五十五岁的男丁、二十岁至四十岁的妇女都是民兵,任务是保家卫国。下设两支部队:一曰卫国,一曰保家。二十至四十岁的强壮男丁编为卫国队,十八九岁和四十岁以上的男丁为保家队,年轻、有武艺的妇女编入卫国队,其余都编在保家队。以五人为伍,设伍长;五队为甲,设正、副甲长;四甲为队,设正、副队长;五队为部,设正、副部长;五部为军,设正、副统领。聘任历届武秀才、举人或民间武艺高手担任官长,由大众选拔或由知县任命产生,限三个月内由下而上组成,到时在县教场上召开建军大会,授旗、检阅、游行。"吴柔胜赞同说:"这样的考虑很周到。"说干就干,李椿年历时三个月就完成了民兵组建工作。他选了一个晴朗的日子,在县城教场上召开数千人大会,场上竖起两面红旗,分别写着"卫国""保家"四个大字。会议由县尉张彪主持,李椿年做了讲话,他说:"据我了解,当前民众一怕金兵入侵,二怕盗贼作乱。常言道,兵来将挡,水来土掩。兵将何来,靠我们自己。每个人像一根线,组织起来像张网,力量大了,假使金兵敢来侵略宁国,我们就拿起武器,保家卫国,利用熟悉的地势,张网捉敌。他有数万兵马入侵,我们断其饮食,可以杀他个片甲不留。有了民兵,更不怕盗贼了。卫国、保家两军,都是宁国县民兵,也是乡亲父老的子弟兵,肩负着卫国、保家的神圣使命。但卫国军,主要是与国家正规军并肩作战,抵抗金兵入侵;保家军,主要任务是保家乡,乱时,站岗放哨,盘查行人,防火、防盗、防贼,并要监督游手好闲的懒汉游民,让他们自食其力。"讲完话后,由他任命、授旗,他令县尉张彪为卫国军统领,陈达武(举人)为副统领,任命李延年为保家军统领,张跃武为副统领,吴柔胜为宁国县民兵的军师,由张彪、李延年接旗,然后列队游行。

完成民兵组建以后,李椿年立即开展第二项工作,即查产定税。先由县衙发布告示,凡有田产者以都为单位自行陈报,由都保张榜公布,民众核实。如有隐瞒产业,将其所瞒的产业,收为国有。他将全县文秀才组织起来分组下乡,以都保为单位,对每户的田产地段、亩数,坐落土名逐处申报,由秀才填表登记,再出榜公布,众人核实。经过三个月核查,全县共有田二十万七千二百一十五亩,每亩纳税五分八厘落实到户,到时,县衙按籍收税,做到有产纳税,公平合理。

农闲时,他还组织民兵兴修水利,筑坝、挖塘、砌堰、开渠,又利用地势,修筑防御工事。

以上数事完成后,县民喜笑颜开,拍手叫好,并赠李椿年"熙春堂"匾一块,赞扬李椿年像太阳照耀宁国,给人们以春天般的温暖。

南宋绍兴五年(公元 1135 年),朝廷监察御史、宣谕史刘大中奉旨巡视江南东、西二路,考核路、州(府)县官员。他只带了一名随从,微服私访,为期一年。他从杭州经婺州、衢州进入信州(今江西上饶)、抚州、虔州(今江西吉安)、赣州,随赣江而下,在临江镇上岸,入袁州(今江西宜春)、筠州(今江西高安)、洪州(今江西南昌),经江州(今江西九江)乘船到池州(今安徽池州)。公元 1135年农历四月到泾县时,他听到一首民歌:"宁国李公,仁德谦恭。治县三年,人和政通。组织民兵,盗贼无踪。查田定税,负担很公。发展生产,年年粮丰。安居乐业,其乐融融。宁国李公,化雨春风。滋润万物,县民轻松。祈望李公,位列三公。犹如青天,日月当空。"刘大中听后,觉得这首民歌像顺口溜,很有意思,原打算经徽州过昱岭回京的他改变主意,决定绕道到宁国县去考察一下。他到宁国县境内的鸿门、胡乐等地,询问了当地一些乡民,他们一致说宁国县令李椿年是一位大清官,为县民办了许多实事。于是,刘大中直接到了县衙,亲眼看到了这位万民歌颂的县令。他与李椿年交谈了一夜,觉得他名副其实,是一位不可多得的人才。回京后,刘大中立即向宋高宗汇报了江南东、西两路的考核情况,重点向圣上举荐了李椿年,说他"练习民事,稽考赋税,各有条理。深受县民爱戴"。接着,他又把那首民歌背诵给宋高宗听,然后对宋高宗说:"我们现在正缺理财之人,我觉得李椿年是位理财能手,请圣上恩准重用。"

同年五月,宋高宗召见李椿年。他接到诏书后,火速租了两匹快马,轻骑进京面圣。高宗仔细观看这个年近中年、治县有政绩的县令。只见他身高五尺五寸上下,中等身材,微瘦却很结实,天庭饱满,地阁方圆。一对弯弯的眉毛粗直乌黑,眉骨微凸,一双不大不小的眼睛炯炯有神。鼻梁正直,鼻头微挺,嘴巴大小适中,上下两唇微薄,两耳较竖,紧贴脑后。举止从容,说话声音不大,口齿清楚,不疾不徐,有高有低。从外表看,他不是狡猾奸诈之徒,从外表分析其内在,高宗认定他思维敏捷,胆大心细,自尊、自信心强,为人正直刚毅,态度严肃,作风严谨,办事认真,绝非懦弱无能之辈。高宗初见李椿年便有了几分好感,接着便询问其民间利害。李椿年答:"州县不治,在不得人。若夏、秋两税稍加措置,用度自足。"宋高宗听到他说州县不治,在不得人,觉得他说话太直、太冲,有些不高兴,只升任他为洪州通判。

五、深交相帅　献计献策

　　通判是宋代一个州的行政副长官。洪州，即今江西南昌，又名洪都。李椿年在洪州任职期间，认识了时任江南西路宣谕史兼洪州知州、不久升任宰相的赵鼎，又认识了时任武昌军统帅的岳飞。赵鼎与岳飞志同道合，关系密切，故武昌军的指挥部开始设在洪州，后迁去鄂州、武昌。三个人都是"主战派"，彼此谈得来，经常在一起探讨军国大事。李椿年向他俩学习，对当时的国家大事有了更深入的了解，增长了知识，扩大了视野。

　　公元1135年9月的一天，宋高宗对时任吏部尚书的刘大中说："官员任用要用人唯贤，不要任人唯亲，要唯才是举、唯才是用。"刘大中见宋高宗没有重用李椿年，一直心存芥蒂，怕圣上怀疑他言过其实，怀疑他得了李椿年的贿赂而推举李椿年。见圣上讲了这番话，正好乘机陈明，便答："圣上说的是。臣一直遵照圣上教导在执行，不敢马虎。上次举荐李椿年，完全出于公心。臣出生在江北盐城，李椿年家在江南东路饶州浮梁县，我俩素不相识，没有任何私人交情。他是一个农家子弟，身上穿的、床上盖的，都是农家土布，自己生活十分简朴，为官时间不长，他清正廉明，绝对不会用金钱去贿赂他人。"宋高宗说："李椿年确实是个人才，只是还不老练，故放在赵鼎身边，由赵鼎进一步考察他。不久前，赵鼎送来奏章，也推举李椿年。爱卿举荐他，是唯才是举。朕正准备委以他重任。"

公元1135年9月，宋高宗再次召见李椿年，询问治国策略。李椿年从洪州赶来面圣。这一次，他有了准备，立即呈上奏章。李椿年的这份奏章是这样写的：

"今日之大弊有三：一曰铨选（吏部选才授官）之弊，员多缺少；二曰食货之弊，钱轻物重；三曰所司之弊，吏强官弱，吏欺官。吏部应有铨试（考试官员），淘汰不才者，不才者，往往多作原故（指好生是非），以幸免之。臣愚以谓，稍清仕途，不如下考试之令，应初到部之人，试而后用。试而不中，亦不得调，允其一年后复试，再不及格，不予起用。纵贵如宗室国戚、公卿子弟亦不能外。如此可去冗员，员多缺少之弊除矣。考试以断案为主，懂法、执法，吏欺官之弊可除矣。物重为何？种养之人少，井田之法毁矣，游手好闲者多，加之金兵入侵，天下之民，死于贼者十有五六，幸存者或从军或为僧，物焉能不少？臣愚以谓，兵不在多，在于精，可裁其老弱病残，以之为农或屯垦，何乐而不为？现官府鬻度牒以增钱财（当时人为了逃避赋、税、费、役，花几十两银子买张和尚的凭证可以不出钱），得钱不下万数，然失却了万民。积而累之，民已尽矣。此'割肉医病'之举，得不偿失。古有越王勾践报吴仇，规定男女适婚而不嫁娶，罚其父母;生男女者,则予以奖励。今日却反之。"

李椿年这份奏章大致的意思就是要严格官员选拔制度、减少军费开支、提高生产力并鼓励民众生育以使国家强大。

宋高宗阅后,同意了他的意见,并将此文批转吏部、户部、兵部照此执行。

六、提举浙东　收缴钱粮

绍兴六年(公元 1136 年),宋高宗任命李椿年提举浙东。

提举是宋代行政机构"路"中管理钱粮的官,包括收集与发放。当时,浙东路下设七州:越州(今绍兴地区)、台州(今临海地区)、婺州(今金华地区)、衢州、处州(今丽水地区)、明州(今宁波地区)、温州。浙东人口稠密,田地肥沃,自然条件好,物产丰富,是一个"物华天宝,人杰地灵"的好地方,近千年来,没有受到水、旱、虫、疫的天灾,也没有遭受战乱和人祸。南宋时,金兵入侵,浙东因山多且地势陡峻,北方骑兵不能发挥优势,所以没有遭到金兵的侵扰。

李椿年提举浙东,驻在临海县。他乘浙东路宣谕史召开会议之机,在会上对各州县官员说:"南宋初立,万事待兴。国家目前财政拮据,浙东没有受到兵火之灾,听说各州、县都有余钱、余粮。没有国,哪有家? 覆巢之下,安有完卵? 皮之不存,毛将焉附? 浙西淳安进士方政没有入仕,他听说国家财政有困难,主动捐家资一千二百缗(以一千五百铜钱用线串起为一缗,明代叫一贯,每缗约合白银一两),以补国用。一位没有进入仕途的人,尚且深明大义,一心为国,难道我们食君之禄的官员,还不能忠君之事吗?"

李椿年到浙东,没有打着钦差大臣的牌子,不骑马,不坐轿,每日带着弟弟李延年步行走村串户,访问百姓,到盐场里、渔船上调查研究,一心一意收缴州县余钱、余粮和豪强富户历年拖欠的赋税。刚开始,有些官员和豪强富户用吃喝、金钱、女色拉拢他,但李椿年不受礼,不吃请,不近女色。这些豪强见拉拢不成,继而便控告他。时任临海县令吕唐卿(浮梁县梧溪都人)私下对李椿年说:"李兄,我俩是同乡,请你注意,诽谤你的文书,一口书箱都装不下了!"李椿年听后,笑笑说:"以身许国,复颈恤耶!"意思是,杀头都不怕,还怕几封诽谤书!

一日深夜,忽然一个黑影蹿入李椿年的寝室。李椿年正在夜读,李延年在门口护卫,见这黑影便迎上力斗,李延年渐渐不能招架。正在危急之时,又一个黑影蹿入,仅一招便将那先入黑影制服,并说:"习武之人,要有武德。要除暴安良,杀贪官,保清官,救困扶危。怎能助纣为虐呢?"那先入黑影问:"你是谁?"后入黑影答:"我是一枝梅!"前黑影说:"原来是梅大侠,久仰!久仰!我是桃花岛黄髯公。"一枝梅指责道:"好一个黄髯公,皂白不分,被人收买,险误杀好人。此李公是位大清官,他奉旨来收缴州县余钱与豪强富户的欠税,以资国用。他不打钦差大臣的旗号,不坐轿,不骑马,每日步行,访问民众。他每日吃的是青菜、豆腐,不沾酒与荤腥,一心为国为民。我跟随他很久了,许多事亲眼所见,故暗中保护他。"黄髯公说:"原来如此,险些误杀好人,差点成了千古罪人。梅大侠,请放心,保护李公的事,交给我吧!我的徒子徒孙遍布浙东,我只要下张帖子,没有人敢动他一根毫毛。"

李椿年到了嘉善县,贾县令与他顶牛儿:"我不交粮钱,你奈我何?"李椿年说:"民众历年缴纳钱粮有据,只要将其数据汇总,除去你的正常开支,多余的钱、粮就得上缴。你不交,到时发动民众核对,证据确凿,由不得你不交!"结果,贾县令抓住"发动民众核实"这句话,又控告李椿年。

李椿年又到温州、明州,许多州县官员反映,几年前,圣上曾到此驻跸,有些费用是否可抵? 李答:"我认为,可以抵数。我将实情写奏折,请圣上恩准。"不久,朝廷来文:"圣上前几年驻跸的开支,可以扣除。"这一下,明州和温州的官员都晓得李椿年有来头,是圣上跟前的红人。明州知州郭明嘉当下表示,明州所有余钱、余粮全部上缴国家。明州带了头,许多州县也便同意将余钱、余粮上缴国库。可是仍有顽固派,再次向朝廷控告李椿年。

绍兴八年(公元1138年)三月,尚书、中书、门下三省官员联合向宋高宗进言:"台州有匿名信,控告李椿年刻薄等事,欲率众作过(煽动民众造反)。"宋高宗对三省官员说:"兵火以来,官物多有失陷,既差官检察,若稍有留心,便生诬蔑,此必有州县所为,万一兵火作过,当用兵剿杀。"宋高宗驳回了奏言,自此无事。反对者方法用尽也奈何不了李椿年,遂服服帖帖地交出了余粮、余钱,豪强富户也补交了欠税，共收缴白银八千多万两、粮食数十万石。

李椿年到盐坊中了解到，私收盐价一分钱一斤，而运到江西、湖南等地销售，售价要四五分钱一斤，其中获利数倍。他想起西汉桑弘羊主张盐业由国家统购、统销，国家得利，便提出盐业改制，直接由国家统一经营。这一提议得到了宋高宗批准，仅此一项，每年可为国家增收白银约三千万两。

绍兴八年（公元1138年）初，宰相赵鼎与副相秦桧政见不合，一气之下，跑到越州来了。当时，李椿年正在临海县，闻讯赶到越州进见赵鼎。一见面，李椿年问："恩相，为何不在朝廷伴君主持政务，跑到越州来干什么？"赵鼎见他是老朋友，便将心中话说了出来。赵鼎说："秦桧专横跋扈，难以共事；国家财政拮据，入不敷出。每年仅朝廷一块，需银三千万两，收入仅二千五百万两，官员俸禄也不能及时发放。比如岳家军，原来核定六千人的军饷，每年划拨二十万两。但岳飞平定杨幺、曹成等部招降收编，据说已扩大到八万多人，军饷仍是二十万两，将士吃饭的钱都不够，怎么叫将士打仗？穷家难当啊！"李椿年听后说："依下官看，这些都不是什么大问题，都有办法可以解决。我这次来浙东，共收缴州县与富户历年久税约计八千万两，可解燃眉之急。盐业改制，圣上已经批准，由国家统一经营，仅此一项，每年可以为国家增得三千万两。还有另一招，国家若能推行'经界法'，既可减轻贫下户的负担，又可为国家增加收入，每年何止亿两？到时，国家用度，绰绰有余。金兵入侵也不足为惧,国家有几十万的正规军,还可以下令以县为单位组织民兵,保家卫国。昔日,下官在宁国县组织民兵,利用我们熟悉的地形,百万兵来,我们也可叫他有来无回!秦桧专权,有你在,他仍有顾忌,你一走,他更目中无人,一手遮天。恩相,你回去吧!去做主战派的主心骨!下官还有半年时间完成任务,到时协助恩相,不怕秦桧耍奸作难!"赵鼎听后,觉得有道理,决定回京。当赵鼎回京时,秦桧对宋高宗说:"赵鼎目无君主,背主私逃,按律当斩。"宋高宗只得将赵鼎流放去了海南岛。

绍兴九年(公元 1139 年)五月,李椿年回京,一切已变得陌生。刘大中被秦桧排挤,被流放到外地某州去当一个什么道观的住持;赵鼎被流放去了海南。李椿年暗暗自责,恩相啊!是我害了你!若不是我再三劝说,你不至于去那天涯海角受苦!

奸贼秦桧奉行"顺我者昌,逆我者亡",他知道李椿年与仇人赵鼎私交很好,便不起用他。李椿年在京三个月,成了闲人。做习惯了的人,闲不住,想做事,却无门路。因为那时讲究品位,不是二品、一品大员,不能直接面君,不是朝臣,不能参与早朝,奏折也递不进。幸好他有位堂兄,名叫李涧,时任吏部侍郎。李涧虽是吏部侍郎,却无权安排堂弟的官位,只能提供点信息。李椿年闲来无事,经常往李涧那儿跑。一日,李涧对李椿年说:"岳飞元帅来京了!昨日,他到吏部,要求吏部帮他物色、挑选一位度支郎中(集团军的后勤部长),至今没有落实,我觉得这个职务比较适合你。你和岳元帅比较熟悉,可以去找他。"李椿年问:"他家在何处?"李涧答:"我只知道岳元帅在西湖边上有幢私宅,平时由一个老人家管理,他来京时住在那里,具体地址我也不清楚。"

第二日,李椿年同李延年早早地来到西湖边,站在岸边柳树下佯装看风景。时近中午,只见岳飞骑着白马而来。李椿年大喊了一声"岳元帅",从树荫下走了出来。岳飞循声望去,见是李椿年,立刻下马。李椿年迎上去,岳飞问:"李兄在此做什么?"李答:"闲来无事,在此赏景。"岳飞又说:"分别三年,甚是想念,近来可好?"李椿年将别后去浙东三年,前几个月才回京,现在闲居的经过说了一遍。岳飞说:"我在此不远处有幢房子,我们到家里去谈。"两人步行数百步到了一幢砖木结构的房子前,宅子不大,却很清静,是休闲、读书的好地方。两人分宾、主坐下,家人端上茶水,岳飞接着说:"前几年朝廷转发了你写的奏章,我阅后认为提得很好。目前,国家财政拮据,每年只拨我军军饷二十万两,远远不够开支。过去有战争,凭打胜仗缴获敌人物资,补充将士给养,或者靠地方老百姓的支援。现在无仗打,我军现有将士八万多人,都闲着,你那精兵简员的策略提得好,我想试行你所提的办法,将老弱病残的将士减去两万多人。洞庭湖周边,原为杨幺盘踞,百姓逃往他乡,田地大片荒芜,而且土壤十分肥沃,适宜种、养。鄂州至九江,地处江南,一马平川,全是冲积土,适宜种植棉花。我想仿效三国时的曹操组织军垦屯田,自力更生,解决农产品自给。只有兵强马壮,才能为收复中原失地奠定物质基础。可是,我军多是北方人,又多是没有文化的粗人,只知冲冲杀杀,不懂经营规划。我想来京请吏部为军队挑选配备一位善于生产管理,又会理财的能人去当度支郎中,若能请到一位像李兄这样的人去担当此重任,那真是万幸。不知李兄能否低就?"李椿年说:"我俩说不能算数,需要圣上批准,吏部正式任命才行。"岳飞说:"这有何难,明日早朝,我提名,恳请圣上恩准,然后,由吏部办理手续。明日,你来我家等好消息吧。"

第二日上午九时左右,岳飞回来了。他一见李椿年,就高兴地说:"圣上同意了,圣上不知你已回到京,还说你很能干。"

李椿年说:"现在已到农历八月下旬,组织人员仍要个把月时间,农事季节性强,我们要抓紧时间,力争秋播,有望来年夏初有好收成,明年下半年就可以开始养猪、养鸡鸭。我们后日即可起程,有些事,可在路上歇息时再商议。"

七、组织军垦　丰衣足食

　　绍兴九年(公元1139年)八月下旬,秋高气爽,又是一个艳阳天。那天,东方泛白,岳飞,李椿年等出了京都,跨过钱塘江,向金华奔去。夜宿衢州时,岳飞与李椿年坐下商议。岳飞说:"精简两万五千名将士没有问题,精简之人要离队不离军,保留军籍。"李椿年说:"要允许他们娶妻成家,或同意他们原配妻子成家立户,要有优惠条件,使他们积极性更高。我们一到,除了动员,还要登记摸底,调查具有技术特长的人员,因人制宜,发挥特长。"岳飞说:"我们不仅要组织生产,而且要组织学文化。我们的将士多数不识字,有劳李兄教他们学文化、谈兵法、讲谋略。"第二日,两人快马加鞭,夜宿洪州。晚上,他俩又坐在一起商议,李椿年说:"生产后,就地办厂加工,如粮食加工厂、榨油厂、轧花厂、纺织厂、被服厂、鞋帽厂等,万一部队没有技术人员,我们就出榜招聘,许以高薪,请民间高人来当技师并传带徒弟。我们要制订计划,照计划生产,以免盲目。要展望未来,比如生产一年后,每人要有一套新衣、一条新棉被、一双布鞋、五斤油、二十斤肉、二十斤鱼、五斤蛋,以增加将士们对屯垦的信心和决心,鼓舞士气。据我所知,大冶生产铜铁,我们可去那里办兵工厂,仿效当年诸葛亮制造锋利的刀枪剑戟、连弩等,提高战斗力与杀伤力。九宫山盛产药材,我们可到那里办制药厂,制金疮药、伤风药、骨痛药、医治风湿性的药,以生产粉药与膏药为主。江西民间善做爆竹,我们改进一下,掺入瓷器片或鹅卵石、铁片,造成火炮,成立火炮队。那里山竹多,编制一种竹笠,每个战士一顶,既可防淋雨,又可以防晒。江北缺水,令民间和我们农场多生产一种葫芦,每个战士一个,盛水解渴。"

第三日下午,岳飞、李椿年一行人到达鄂州。第四日,岳飞主持召开副统制以上将官会议。岳飞在会上说:"兄弟们,我这次去京城,请来了一位军师兼度支郎中。他姓李,名椿年,江南东路饶州浮梁县人,进士出身,为官十多年,有政绩,深受县民爱戴。他理财很有一套,圣上都称赞他能干。我和他早在洪州时就是朋友,而且,我们是亲戚,他是我夫人李娃的堂兄(确切地说应是族兄),请各位兄弟,待他如待我。今后,他将组织和领导我们垦荒生产,并组织全军学文化、讲兵法、谈谋略。现在,请椿年兄讲话,大家鼓掌欢迎。"李椿年站起来向大伙作了个揖,言道:"早闻岳家军全体将士为国为民,忠心耿耿,英勇善战,令敌人闻风丧胆。李某十分敬佩,如今成为其中一员,深感荣幸。我们统一在岳元帅的指挥下,万众一心,垦荒屯田、种稻、种棉,自己买动手,丰衣足食,养精蓄锐,待来年兵强马壮,一举收复中原失地,实现神州一统。我将致力于教文化、讲兵法、谈谋略,尽我所能,与兄弟们共同学习、研究探讨,力争在数年内使我军全体将士丰衣足食,精神饱满,斗志昂扬,实现我们的理想。"

李椿年向岳飞建议:武昌地处东、西、南、北要冲,自古是兵家必争之地,又与江北的汉口、汉阳二镇连成一体,建议元帅将指挥部迁去武昌。

自此,岳家军中掀起了生产和学文化热潮,形成"壮士日生产,虎将夜谈兵"的良好局面,两年后便储备粮食两千万石,做到了每名将士有新衣、新被、新鞋。部队丰衣足食,兵强马壮,武器锐利,医药齐备,将士斗志昂扬,一致要求出征。

一日,岳飞登上黄鹤楼。俯瞰山下,滚滚长江东逝水;仰望西北,极目楚天舒。眼见祖国大好河山,遭到金兵铁蹄践踏。山河破碎,何时才能复国,神州一统,家人团圆,天下太平?想到此,岳飞心潮澎湃,热血沸腾,感慨万千,当即铺纸挥毫,写出《满江红》词一首,词曰:"怒发冲冠,凭栏处,潇潇雨歇。抬望眼,仰天长啸,壮怀激烈。三十功名尘与土,八千里路云和月,莫等闲、白了少年头,空悲切。靖康耻,犹未雪。臣子恨,何时灭!驾长车,踏破贺兰山缺。壮志饥餐胡虏肉,笑谈渴饮匈奴血。待从头,收拾旧山河,朝天阙。"

岳飞回到帐内,对李椿年说,"准备出征!"李椿年说:"出征前,是否向朝廷报告出征计划?"岳飞说:"不必了!自古道,将在外,君命有所不受，何况无令。再说，朝廷可能有内奸，兵贵神速。收复失地，总不会错。"

第二日，岳元帅令李椿年辅佐牛皋将军镇守武昌大本营；王贵将军镇守九江与安庆，和镇守镇江的韩世忠元帅连成一体，守住江东江防；令子岳云、女婿张宪为前部先锋，率本部人马逆汉江而上出樊城入河南。他们个个武艺高强，均有万夫不当之勇，一路势如破竹，抢关夺寨，收复了大片失地，直抵洛阳城，准备渡黄河北上。这时，黄河以北又派人来联系，表示愿意配合宋军作战，那些原来投降了金国的将士也表示要"反戈一击"，愿做内应。眼见收复所有失地指日可待，可就是在这样的大好形势下，朝廷却连下十二道金牌，令岳飞班师回朝。

为什么打了胜仗，还要退兵呢？先得从敌国金邦谈起。

金兀术率兵百万下江南，被江南军民迎头痛击，几乎全军覆没。他侥幸逃回，静下来总结经验教训，觉得仅靠武力难以征服南宋，便改变策略，采取"以汉人治汉人"的方法：一是令投降了金国的刘豫组建伪齐国，掌管山东、山西、河南、河北的土地与人口，当金国的傀儡皇帝，既可以用它制约南宋，又为金国筑起了一道挡风墙；二是从南宋流落在金国的臣子中找个合适的人选潜伏在宋朝为内应，兼收集情报，挑拨离间，让他们窝里斗，自己则坐收渔翁之利。

再说秦桧当年护送赵构到金邦，赵构个人逃回，秦桧则流落在金邦。虽然其后来与妻子王氏回到杭州，并自称是从海上逃回，但从他被宋高宗起用后排除异己、睚眦必报、残害忠良的一系列做法，不难推测，秦桧在金邦已经变节。在演义与小说中，秦桧变节的关键人物就是他的妻子王氏。史料记载，王氏的表姐便是大名鼎鼎的南宋女词人李清照，不过两人的追求却完全不同。李清照沉浸在文学的天地，而王氏则喜搔首弄姿。据说秦桧与王氏在济南一见钟情，结为夫妇不久便回到杭州。由于当时济南已经"沦陷"，王氏很可能就是金邦对秦桧使的"美人计"，这也是后来为什么当秦桧举棋不定时，王氏坚决要杀岳飞的缘故。

言归正传，秦桧听说岳飞率将士已打到洛阳，要直捣金人老巢黄龙府，恐自己为金国内奸一事暴露，身家性命难保。他深知宋高宗孝顺，便对宋高宗说："圣上的母后仍在金人手中，若逼急了，金人会加害皇太后，你们母子将永无见面之日。这下打了胜仗，金邦或许会主动向我们求和。和议时，我们提出，要他们放还二圣和皇太后，圣上一家团圆，失地也收复了，何必要攻占那冰天雪地呢？"宋高宗觉得有理，连下十二道金牌。不久，金邦主动求和，答应交还二圣骨殖（二圣已死），放回太后。

岳飞回到武昌，私下对李椿年说："现在怪事多，无奇不有。节节胜利，圣上反令退兵。请参谋其中奥妙。"李椿年沉思了一会儿说："岳帅，岳家军那还我山河、打到黄龙府、迎接二圣还朝的口号欠妥，圣上恐你功高盖主。再说，二圣倘若真的还朝，那将置圣上于何地？这就是圣上令你退兵的缘由。"岳飞觉得有理。

　　不久，朝廷来诏书，令岳飞任枢密院副使，名列韩世忠之后，正使是张俊(秦桧奸党)。岳飞又问李椿年："此事吉凶如何？"李椿年说："岳帅啊！你可要谨慎小心！这次任命名义上是升官实为降职，你入京后，多去韩元帅那里，求得他的庇护，不来或少来军中。"同时，他想到武昌恐是是非之地，宜趁早离开，便对岳飞说："我任期将满，你又进京，我想回京述职。"岳飞答应了，并说："这次获得战马一千多匹，赠你兄弟俩各一匹。"李椿年说："战马留给将士骑。"岳飞说："我知道你喜欢骑马，你认为马快，办事效率高，开支小。请莫推辞。"李椿年见岳帅如此慷慨，盛情难却。李延年是个习武之人，渴望有马，无奈无钱买到战马，见哥哥默认，便迫不及待地跑到马厩相马。他懂得一点相马知识，在马群中挑选了两匹个头高、耳竖、腰直、腿粗、蹄大、毛光滑的枣红马和黄骠马，一手牵一匹马来，对哥哥打趣地说："你身穿红袍骑枣红马，我是保镖，骑黄骠马"。从此，李椿年以马代步。

　　李椿年回到京城，到吏部交了差，吏部任命他为京都救火官。在一次救火中，他奋不顾身，又立新功，受到朝廷嘉奖。

　　同年腊月，时近春节。李椿年想到兄弟俩已经八年没有回家了，现在有了快马，来回方便，就告假回家过年。

八、致书牛皋　制止动乱

绍兴十二年（公元 1142 年）春节过后，李椿年于正月初六回到京城，听到岳飞被秦桧谋害的消息后十分悲痛。他义愤填膺，声称要去面圣，为岳飞鸣冤。时任吏部侍郎的堂兄李涧及时制止了他："你认为一个秦桧能够害死岳飞吗？"这句话把他说蒙了。未等他回过神来，李涧又接着说："你不是立志行经界吗？小不忍，则乱大谋。"李椿年仔细想想堂兄的话，冷静下来，继而想到牛皋等将军与岳飞情同手足，手中有八万英勇善战的精兵，他们若听到岳飞被害的消息，一时愤恨，打着"清君侧"的旗号起兵杀上京来，将是一场灾难！内战一起，虎视眈眈的金邦将乘机举兵南下，国家危矣！椿年啊椿年，你好糊涂！想想此时朝中只有自己才能制止这场动乱。他也知道当时国法很严，朝中臣子与外地将帅私下通讯，将会招致杀身之祸。但为了国家与民众，何惜五尺之躯，就是牺牲了性命也值得。于是，他立刻提笔修书一封，令弟弟李延年火速送到武昌牛皋将军手中。牛皋正准备起兵，赶制白盔、白甲、白旗。牛皋接到信后，觉得李椿年说得很有道理，要识大体，顾大局，以国家和百姓利

54

益为重，便放弃了起兵的念头。李椿年这一行动，利国利民，功在千秋，谁知日后反倒成了秦桧令人弹劾李椿年"私结将帅"的罪名之一。

岳飞是怎样被秦桧害死的呢？秦桧曾对宋高宗说："岳飞谋反！"宋高宗不讲话，等于默认。秦桧便伙同张俊以召见岳飞议事为由，私自将他逮捕下狱。大理寺丞周三畏知道岳飞冤枉，但又无能为力，于是封印、挂冠，离职隐居。韩世忠闻讯后，亲自上相府质问秦桧："你说岳飞谋反，拿出证据来！"秦桧说："莫须有。"用现在的话说就是"可能有"。韩世忠感叹道："莫须有三字何以服天下！"当时，秦桧也畏惧掌管兵权的韩世忠，想释放岳飞。但秦桧的妻子王氏用火盆灰写下"擒虎容易，放虎难"几个字，秦桧便下决心，在大年三十晚上，趁大伙忙于过年之时，将岳飞绞死在西湖东面山上的风波亭中。那一日，灰蒙蒙的天，黑沉沉的地，北风怒号，天在哭泣。

人生自古谁无死，死的分量不同，人们对他的评价就不同。有的人的死重于泰山，有的则轻似鸿毛。岳飞被害了，名垂青史，精神永存。后来，南宋孝宗赵昚为其平反昭雪，并封他为武穆王，把他说成是一位伟大的军事家。时至今日，岳飞精忠报国的事迹依然广为传唱。

秦桧在生前，时人就对他恨之入骨，不叫他宰相，而叫奸相，或奸贼、卖国贼，成了过街老鼠，人人喊打。杭州人将炸油条，说成是

"炸秦桧"。小孩子想吃油条,便说"我要吃秦桧"。农家宰猪,说成是杀"王虔婆",这"王虔婆"说的就是秦桧之妻王氏。

绍兴二十年(公元1150年)七月,秦桧的背上生了毒瘤,肿得像罗锅,流脓、流血,又生蛆,臭不可闻。他吃不下饭,睡不着觉,瘦成皮包骨,只能趴在床上,痛得呼天抢地,痛苦极了。拖了一个多月,秦桧活活痛死了。时人闻讯,拍手称快。有人说,恶有恶报,人不报,天报! 有人说,他是被岳云显灵锤死的,还有人说,他是被全国正义的人恨死的。张俊、王氏不久也相继死了。岳飞的尸骨被安葬在西湖东面的一个山坡下,在岳飞墓前,人们用生铁铸了陷害岳飞的秦桧、张俊、王氏、万俟卨四人裸像,让他们反剪双手跪在岳飞墓前低头认罪。"青山有幸埋忠骨,白铁无辜铸佞臣",秦桧等四人被钉在历史的耻辱柱上,遗臭万年。

百姓心里有杆秤,谁轻谁重最分明。有权能欺人,人心不可怍。

九、畅谈经界　平江试点

　　绍兴十二年(公元 1142 年)五月,李椿年刚任左司员外郎。他眼见官户、权势户乘战乱之机,大肆侵并土地,又依仗权势不纳税,用分户或降低户籍等级来逃税,当时叫"诡名挟户"与"诡名挟佃",而贫下户"产去税存"。赋税不均,严重影响了国家的财政收入,民众苦不堪言。李椿年决心革除时弊。为了不犯忌与减少阻力,李椿年将孟圣人抬了出来,根据孟子说的"夫仁政,必自经界始"的主张,措置经界,撰写《经界法》。

　　彼时,宋高宗与秦桧主张与金国议和,每年向金国进贡大量的白银与绫罗绸缎,急需用钱;而宋高宗在战乱期间,曾许诺待停战后,减轻百姓负担。在矛盾重重时,他想起了李椿年谈过经界既可以增加国家收入,又可以减轻百姓负担,便于同年 11 月癸巳日召见李椿年。当时,参加决策的有宰相秦桧、参知政事程克俊(浮梁人)。李椿年奏言:"经界不正有十害:一、侵耕失税;二、推割不行;三、衙前坊场广,虚供抵当;四、乡司走弄税名;五、诡名寄产;六、兵火后，税籍不实，争讼日起；七、倚阁不实；八、州县隐税多，公私俱困；九、豪猾户自陈税籍，往往以多报少；十、逃田税偏重，故税不行。"且言："臣闻平江府（今苏州地区）岁入七十万斛有奇，今案已籍虽三十九万余，然实入二十万斛耳，询之士人，其余皆欺隐也。望考核覆实。自平江始，然后行之天下。则经界正，而仁政行矣。"圣上对宰掾曰："椿年之论，颇有条理。"秦桧曰："其说简易可行。"程克俊曰："比年百姓避役，止缘经界不正，若行之，诚公私之利久也。"乃诏专委椿年措置。椿年请先往平江诸县，俟其就绪，再往诸州。要在均平，为民除害，更不增加税额。（见李心传撰写的《建炎以来系年要录》，第2365—2366页）

甲子日，朝廷任命李椿年措置经界的诏书颁发，原文是这样写的：

"朕维士大夫有能，秉德自信，不惑浮议，徇公灭私，事无辞难，慨然有志于功名之会，则朕有敦奖。要官剧职，举而任之，何中外之间哉！以尔儒学登科，文艺盖众，深疾虚名之无补，欲资实用以济时。载吏爱民，始于治县，抑强扶弱，久而益坚。朕念艰难以来，财用最急，将漕之职，尤慎其人。矧惟二浙之富饶，实乃东南之根本，肆以命汝，人皆曰宜，辍以宰掾之联，宠以西清之直，往贰使事，宜究乃心。古人所谓敛弗及民而度足者，不于汝责而谁责也。"（见张扩《东窗集》卷六《李椿年除直显谟阁学士两浙路转运副史制》）

绍兴十二年（公元1142年）十一月，李椿年带领仓部司郎王循友到平江府进行经界试点，并成立经界局，设在苏州。时任知府周葵问李椿年："公欲均税？或遂增税耶？"椿年答："何敢增税！"葵又问："苟不欲增，胡为言本州七十余万斛呢？"王循友说："国家平昔漕江淮、荆、浙六路之粟，六百二十余万加以和籴，而近岁上供仅二百八十余万。两浙（指浙东、浙西路）膏腴沃地，无不耕之土，较之旧额，亦亏五十万石，此盖税籍隐，皆豪强诡挟所致。比漕臣（指李椿年）建议行经界，朝廷从之，望敕诸路漕臣，各根检税籍。"李椿年说："经界核实，意在均平负担，不增税额。"周葵也是一位爱国为民的清官，明白缘由后，大力支持行经界。李椿年提议每县来四人在平江府参加骨干学习培训班，他亲自授课。他要求以县为单位组织，以保为单位具体落实。他讲了经界的意义、目的与方法、要求，以及丈量田地的工具——各五尺长木头或竹片三根，麻或棕绳长数丈，以间距五尺系五色彩布条为记和丈量计算田地的方法："以五尺见方为一步，六十步为一角，四角为一亩，百亩为一顷。一、划分为顷、亩、角、厘记数。二、丈量，吴语叫'打量'。三、勾画田地形状图，照登记表填写田地坐落的土名、地段、来源（分祖业或于何年买于何人或垦荒）、田地每丘的四至（分东南西北）、地势高低、土色肥瘦等，图页上要有田主和保正、保长签字。丈量前，先由田主自报，丈量者核实，以丈量折计数为准，按表填写成草图，地方基层组织照草图誊清四份正图，每页加盖公章与填表人姓名。一份发给田主，其余三份按照都保装订成册，合成'砧基簿'：一本存县，一本纳州，一本上交路转运司。此举能做到民有定产，产有定税，税有定籍。业主按籍纳税，县府按籍收税，一目了然。平江府按县分批进行，历时五个月完成试点任务。"笔者没有找到平江府当时的经界试点汇总原始资料数据，但已查实当时平江府属无锡县，今属江苏省无锡市。20世纪80年代，无锡市土地管理局编订印刷的《无锡市土地志》中记载二事例、三数据：一、无锡县于绍兴十二年（公元1142年）成立了县土地管理局；二、它不仅丈量了田地登记，而且对房产进行了调查登记，查出一块青石上刻有"经界"二字，为某寺院的界址点；三、宋绍兴年间，全县有人户按田亩纳税数石，平均每亩纳税粮三十四斤。无锡地处江南，土地平旷，土质肥沃，一年二熟或三熟，亩产量高，与全国其他地方相比，均为上等田，每亩纳税粮三十四斤不算高。由此，足以证明当年平江府行经界，没有增加税额。

有人说，李椿年行经界，没有丈量田地。笔者不敢说绍兴年间推行经界的所有地方都曾丈量过田地，至少可以说，试行经界和经界试点上，确实丈量了田地。证据有三：其一，以五尺见方为一步，六十步为一角，四角为一亩的丈量折算方法。其二，朱熹与李椿年几乎是同时代的人，朱熹在《朱子大全》一书中提到李椿年行经界，从自家田量起。宋末元初，乐平籍的马端临编撰《文献通考》，书中引用了朱熹的那句话。其三,平江府经界试点结束不久,有人特向李椿年献出山区田块小且有奇形怪状者,可用割补法丈量,以其形状,确定丈量折算方法,求出与正方形田地相等的面积。

由此可见,李椿年行经界不但自己丈量过土地,还得到过民间的帮助,也说明他行经界得到了百姓的肯定。

十、立法管地　系统管理

　　李椿年完成平江府经界试点后,回京向宋高宗汇报试点情况,并呈上"砧基簿"。宋高宗看到融户籍、税籍、役籍为一体的"砧基簿"非常高兴,于绍兴十三年(公元1143年)六月,任命李椿年为户部侍郎,令其将经界推向全国。为了庄严地在全国统一实施,又令其制定《经界法》。李椿年亲自起草了《经界法二十四条》,笔者没有找到《经界法二十四条》原文,现以其方法与内容,补写出二十四条,以供参考。

　　经界法二十四条:

　　第一条　普天之下,莫非王土。凡大宋国境内的土地,包括海、河、江、湖、道路、河流、山岭,全是王土,全由国家统一管理。

　　第二条　确定国有、公有、私有土地制度。凡名山、大川、海、河、江、湖及水流、道路、朝廷宫殿、苑院等,路、州(府、军)、县衙,坊、场等及驿站(铺)、凉亭、桥梁和寺庙、道观、庵堂、书院、仓库库房、码头、监狱等房产均为国家所有。祠堂等公益事业的房地产均为当地公有,其他土地为私有。

　　第三条 国家拥有土地所有权的经营、利用、保护、保管权利。土地可以自由买卖、租赁,租金不得超过该土地的税赋额的两倍。凡买卖土地,必须及时到县级土地管理机关办理过户手续,租赁土地的双方要有契约,都要经过当地土地管理所。

　　第四条 根据孟夫子的"行仁政必自经界始和经界正,而仁政行矣"的政治主张,故名《经界法》。它除害兴利,利国利民。经界的目的是公平,为民除弊,不增加税额。

　　第五条 户部下设经界局、路,由转运司经管,州(府、军)、县设经界局,乡(都保)设土地管理经界所,统一受户部经界局领导与指挥。户部经界局有权检查、督促、审核各路、州(府、军)、县的地籍管理与经营管理,发现有错,限期更正。有权对违反经界法的官员与民众提出起诉,请皇帝或大理寺审理裁定、处置。

　　第六条 以县为单位组织推行经界,以都保为单位具体实施田产与房产的丈量,折算亩角,登记造册成草图,然后誊清为四份,分别合成"砧基簿"。"砧基簿",每页均由保正、保长签字画押,方可有效,一页归还田主作为执照,其余三份,一份呈路运司,州、县各留一份。

　　第七条 丈量田地的工具,由县统一制作的木或竹三根,每根长五尺,合成三角形。五尺见方为一步,六十步为一角,四角为一亩,奇形怪状的田地丈量折算方法另附。

　　第八条 画图,画出田块形状示意图,注明东、西、南、北四至。

第九条　填表造册。写明户主姓名、人口、其中男丁数,田地坐落土名、丘段,田地来源。田地来源需注明是祖业或何年买于何人,子承父业或承受他人田地,到县土地经界局办理过户或更名手续。

第十条　每隔一年,于九月办理土地变更登记手续。如有垦荒成田,可登记入册为业。

第十一条　凡垦荒田地三年内不纳税赋。

第十二条　凡朝廷赐田,州、县府赐田,受田者应及时办理受业手续。

第十三条　但存方寸地,留与子孙耕。任何人不得占用耕地建房。建了房的勒令限期拆除,如不及时拆除,由县土地经界局强行拆除,并处以罚款。罚款金额以该土地年产值的两倍计收。

第十四条　不得擅自取耕地表土,烧制砖瓦。

第十五条　不得长期占用耕地堆放货物。

第十六条　不得荒芜土地。连续两年不耕种的土地,县土地经界局应及时追究田主责任,并处以罚款,以土地年产价值为标准,荒一年罚一年,荒芜两年以上的田地,由县土地经界局将该土地收归国有,租与当地人耕种,收取租金。所收租金中六成交户部经界局,四成留县公用。

第十七条　不得擅自将耕地改成园地,如果园、桑园、茶园、药园、花园,更不允许在耕地内植树造林,降低地类等级。

第十八条　凡被洪水冲毁,或泥石流堆积,人力一时难以恢复耕种的土地,田主持"砧基簿"与保正、保长证明材料到县土地经界局申请报废。县局派人到现场勘察,确认不能耕种,可以办理废弃手续。

第十九条　凡边远地区、边远山区、兵火之乱的重灾区,由县将实情上报户部经界局,经批准,暂缓丈量画图,可以改为由田主自行陈报田地面积,以都保为单位张榜公布,众人监督,县局差官审核,如有少报、漏报,将其少报、漏报的田地,由县局收归国有。

第二十条　"砧基簿"一律用毛笔蘸墨填写其中表格,要求字体工整、清晰,错写一二字改正后在更正的字上盖章或印手指模,如错三个字以上,责令重新填写。

第二十一条　户部经界局和路、州、县土地经界局工作人员玩忽职守、徇私枉法、视其情节予以开除、罢免,处以流刑。

第二十二条　凡抵制、反对、阻碍行经界的官员或民众,由户部经界局与州、县土地经界局视其犯罪情由起诉,由大理寺及其直属机关处刑。

第二十三条　本经界法的解释权属户部经界局。

第二十四条　本经界法自朝廷公布之日起施行。

不久,官僚胡思、徐林二人因反对《经界法》,经户部经界局起诉,经皇帝批准,将他二人免官流放宁夏,对其他执行经界不力的官员,也给予了严重警告。

十一、母逝于京　回乡丁忧

绍兴十二年(公元 1142 年),韦皇太后从金国归来,宋高宗率满朝文武官员六百余人列队步行到余杭县(今杭州市余杭区)迎接。韦太后一下车,宋高宗与韩世忠迎上跪地问候。韦太后听说他是韩世忠,立即握住韩世忠的手说:"哀家在北边听他们谈起卿家,说你英勇善战,威慑敌胆。听说令夫人梁红玉亲自击鼓退金兵,也是一位巾帼英雄! 她怎么没来呢? 哀家真想见见她。"

韦太后初到杭州,除了认识自己的儿子和韩世忠,人地两生。宋高宗每日陪伴太后,亲自奉茶、端水。数日后,韦太后对宋高宗说:"皇儿,你不要终日陪伴我一个老太婆,而耽误朝政,国家大事要紧啊!"宋高宗只好每日早朝后问安一次,时间一长,韦太后又感到寂寞。一日,她对宋高宗说:"皇儿,为娘好苦闷! 整天坐在深宫,连个说话的人也没有,成了哑巴。宫女年轻、谈不来,能否召见几位与我岁数差不多的诰命太夫人,伴我说说话。老姐妹谈得来,为娘才有乐趣。"宋高宗说:"我怎么没有想到呢?"他连忙答应:"好,好,皇儿立刻去办。"他当日即召见礼部尚书程瑀,令他物色几名诰命太夫人入宫陪伴皇太后,越快越好。程瑀首先想到自己的姑妈程仰平,她知书达礼,与太后年纪差不多,性格开朗,说话诙谐,满脑子都是民间故事,清洁卫生,身体好,手脚灵活,口齿伶俐。程瑀没有多想,便脱口而出,将所想如实地上奏了宋高宗,并加了一句,我姑妈就是户部侍郎李椿年的母亲。宋高宗闻言,心想李椿年聪颖、能干,他的母亲一定很贤惠,便非常高兴,立刻令李椿年回家亲自迎接母亲来京伴太后。程仰平本是一位贤淑的妇人,听说是进京入宫陪伴太后当然高兴得很,以为自己老有所为,时来运转,飞黄腾达,光宗耀祖。李椿年兄弟商议,请本村庄户用轿抬送母亲进京,大年、康年、亿年也想乘机到京城看看,兄弟五人一并护送。李椿年自任户部侍郎以后,每日要上早朝,便在朝廷附近租了一栋房子居住,雇了一个五十多岁的忠厚女人为他兄弟俩做饭洗衣,叫她"王妈妈"。李家兄弟众人在路上行了四日到杭州,住在李椿年的住处。第二日,李母沐浴更衣,由程瑀带领觐见圣上。随后,李母前往后宫叩见皇太后,韦太后挽起李母,令她坐下说话。李母举止从容,面带微笑,口齿清楚,有礼有节,韦太后喜欢上她了。各叙年纪,李母大韦太后一岁。韦太后说,你不要拘礼,口口声声称太后,礼节烦琐。我也是出生在乡村的农家女儿,我俩还是以姐妹相称,说话方便,倍感亲切。自此,李母住在宫内,日夜陪伴皇太后。她每日讲些浮梁民间故事给太后听,例如,"屈原大夫三间庙""吴芮封为长沙王""朱生入洞遇八仙""铁拐李造福天保""吕洞宾三戏白牡丹""蓝采和在南河架桥""吕洞宾剑戳青石出泉水""白龙王入寺前龙池"
"郭璞为鱼山看风水""高岭高老汉种玉土""浮梁人开山种茶""白
居易到浮梁买茶""昌江河中的宝石""严子陵隐居严台""佛印、东
坡、黄庭坚三贤月夜泛舟昌江""东坡立碑哭佛印"等故事,讲得非
常生动有趣。太后很高兴,宋高宗也很高兴。一日宋高宗问李椿
年:"爱卿的父亲身居何职?"李椿年答:"仰沐皇恩,家父官授通奉
大夫。"宋高宗说:"加赠中顺大夫,封你母亲为四品诰命夫人。"从
此,宋高宗对李椿年器重有加,经常召见,国家大事常与之商议,渐
渐疏远了秦桧。

　　秦桧很快就有所察觉,觉得自己相位难保,惶惶不可终日,便萌
生害李椿年之心。他左思右想,苦无良策,觉得圣上如此器重李椿
年,单凭进谗言离间是不行的,反容易弄巧成拙。买杀手暗害吧,李
椿年有大侠一枝梅暗中护卫,当年浙东豪强曾收买刺客黄髯公暗杀
李椿年,黄髯公不仅没有杀害他,还令徒子徒孙暗中保护他。秦桧
又想在酒中下毒,可李椿年不吃请,滴酒不沾,也行不通。李椿年在
京城的政治势力日渐强大,且又树大根深。吏部侍郎李洞是他的堂
兄,礼部尚书程瑀是他的表兄弟,参知政事程克俊和翰林院的吕虞
聊是他的同乡,还有洪皓三个儿子洪道、洪迈、洪遵,是程克俊任主
考时的门生,全部被录取为进士,并留在朝廷任职。宋高宗并没有
因此责怪程克俊,反而赞扬他做得对,说:"应该安顿好忠良之后。"
秦桧自思:"这些人与我有仇,肯定反对我。还有喜欢舞文弄墨的

德兴人张扩，他们交往甚密，听说他们还经常聚会，结成'饶州帮'，大有夺我相位之势。"秦桧的老婆有个远房兄弟，名叫王鈇，在朝中任过小官，在越州曾置下几百亩田地未缴税。不久前，韩世忠因为朝廷赐了他七百亩田，五年未纳税，经查出也补了欠税，并将田地全部交还国家，此事震惊全国。王鈇害怕，登门求秦桧想办法，秦桧见是自己亲戚、兄弟，便把自己的苦衷说了出来。王鈇想了想，对秦桧说："我有一计，名曰'釜底抽薪'，可一石二鸟将我俩的难处都解决了。"秦桧不解其意，叫他说来听听。王鈇说："李椿年子凭母贵，听说李母喜欢喝茶，可密令宫女在其茶中下慢性毒药，让她油尽灯枯，自然死去。按朝廷制度，李椿年必然回家'丁忧'，一去三年，我俩都万事大吉。不过，事成之后你得保我接替李椿年的位子。"秦桧听后，高兴地说："妙计！以往小看你了。"自此李母在内宫终日昏昏沉沉，不思饮食，日渐消瘦，御医找不出病根，不好用药。李椿年只好将母亲接回自己的住所，只见母亲双目无神，舌苔与口唇呈紫黑色，请郎中诊断后认为可能是中毒，却无证据，不好声张。半个月后，李母去世，李椿年买棺材收殓。按乡间习俗，他身穿孝服，脚穿草鞋，手持梧桐树枝做的哭丧棒，扶枢回乡安葬。

　　宋朝以孝治天下，臣子的父母逝世都要回乡丁忧，守孝三年。李母灵枢到家乡，兄弟们商议，为母亲举行葬礼，请风水先生择地，安葬在一个叫石场山的地方。那里坐北朝南，冬暖夏凉，聚风聚气，高埠爽水，来龙渊远，朝山秀丽，是块风水宝地。李椿年对四个弟弟说:"母亲在家时,身体好好的,若不进京伴太后,或许至今仍然在世,母亲可能因我而死,我深感内疚。大宋以忠孝为本,我是朝廷臣子又是家中长子,义不容辞由我一个人代弟弟们守孝三年。"

封建社会守孝是非常艰苦的,若没有坚强的意志,难以完成。在坟的右下方,搭间草棚,日夜守在那里,三年不与家人见面,家中送去的米、油、盐放在一个指定的地点,自己去取来,自己做饭。三年不食荤腥,只能吃自己种的蔬菜或采野菜为食。三年不理发,不刮胡须,不剪手指甲和脚指甲。不能残害生灵,见到一只蚂蚁落水,要想方设法将它救起;蚊虫吸血,只能驱赶,不能打死。保持忧戚,不露笑脸,不能高歌,不玩乐器,不能用刀,树枝用手折,青草用手拔,坟前灯火、香不灭。夏天要折枝叶遮住坟头;冬天要用稻草盖住坟头,保温防冻;雪天要扫雪;春、夏、秋三季要拔坟边杂草,扫除落叶;雷雨天要四肢伏地,趴在坟头,口说母亲大人不用惊吓,儿为你顶雷轰,栉风沐雨。

李椿年住入草棚后,每日早晨起来绕坟头转数圈,察看有无野兽打洞,吃饭前先敬母,然后自食。平日,上午种菜,下午与晚上读诗书,反复阅读《诗经·小雅·蓼莪》:"蓼蓼者莪,匪莪伊蒿,哀哀父母,生我劬劳。蓼蓼者莪,匪莪伊蔚,哀哀父母,生我劳瘁。瓶之罄矣,维罍之耻,鲜民之生,不如死之久矣。无父何怙?无母何恃?出则衔恤,入则靡至。父兮生我,母兮鞠我。拊我畜我,长我育我,出入腹我。欲报之德,昊天罔极!南山烈烈,飘风发发。民莫不谷,我独何害？南山律律,飘风弗弗。民莫不穀,我独不卒!"

李椿年时余则读《易经》,传说它能修身养性,排忧解难,壮胆养心。古人患难时,往往研读《易经》,用蓍草数段卜课,预测吉凶祸福。

三年过去了,李椿年头发花白、蓬乱,胡子拉碴,满脸绒毛,瘦成猴子似的,五尺长的身躯,仅有八十多斤。守孝期满,李椿年除去孝服,在家休养了两个多月,于绍兴十七年(公元1147年)正月返京复职。

十二、审核经界　拨乱反正

　　李心传的《建炎以来系年要录》首次谈到,王鈇是秦桧的亲信。李侍郎回乡"丁忧",秦桧举荐王鈇接替其职务,接管"经界局"代行经界。马端临编撰的《文献通考》也引用了李心传的这段话。

　　王鈇成为户部侍郎后,首先篡改《经界法》,将打量画图,置造"砧基簿",改为"自行陈报";查田、定税,改为"诡名挟户"与"诡名挟佃";清理旧欠,改为"积年所隐,一切不问"。秦桧伙同王鈇欺骗宋高宗。一日早朝,宋高宗说:"经界之法,细民多以为便。"秦桧接着说:"不如此,则差役不行,除税赋不均,积弊之外,今已革尽。去年陛下放免积欠,天下便少苏。"王鈇跟着说:"今当革'诡名挟户'和'诡名挟佃',侵耕冒佃,使差官实籍,民有定税,则差役无争讼之烦,催科免代纳之弊,然不扰,而速办,则实利及民,欲更不画图,不造'砧基簿',只令都保排定,十户为一甲,令递相结合,从实供账二本,积年所隐,一切不问。如有不实,致人陈告,即将所隐之田,给以充偿。"宋高宗同意。由于宋高宗不懂经界业务,因此秦桧、王鈇以几句花言巧语哄骗,轻易地就将《经界法》的核心"丈量画图""砧基簿",改为自行陈报,并不追究其"积年所隐"。

王铢的另一做法是暗增民税。《经界法》的目的是"要在公平,为民除害,不增加税额"。秦桧与王铢则合谋将税额自上而下摊派,暗增民税。他俩挑起浮梁人来反对李椿年,特意增加浮梁县税额六成。《简明宋史》中记载,"郑克在四川推行经界时,颇峻责州、县,邛蜀五田至什税其伍。宋政府不得不承认蜀中增税亦多的事实。浙东金华县(今浙江金华市)县令朱中直亦令保伍增添新税额。这些都是在奸相秦桧的支持下干出来的。"史称秦桧密谕诸路暗增民税七八。各地郡司临守迎合秦桧,致使贪官污吏营私舞弊,税米多加合数,税绢折钱,又加浮费,破坏了《经界法》的均税效果。

李椿年回京,官复原职。到户部经界局一看,所有人员全是陌生面孔,问王循友到哪里去了,全说不知道。他查看文籍,发现浮梁县税额特重,质问王铢,王铢推说不知。李椿年说:"浮梁是我家乡,山多田狭,多数是黄泥结板田,一年亩产粮食二百来斤,每亩每年要交税五十多斤,占全年产量四分之一还多。而平江府田地平旷,土壤肥沃,一年二三熟,亩产粮六七百斤,每亩平均仅纳税三十几斤。谁轻谁重,一看就知道。"

李椿年在经界局问不出缘由,便亲自到浙东路的婺州、衢州,到县、都基层和群众中调查、查清问题,决定采取四项措施纠正:一、浙西、浙东二路已有四十个县完成了丈量画图,置了"砧基簿"的,令结绝,宣布完成经界任务。二、从一些州县抽调一至二名官员,组成检查组深入各县的都保检查验收，对未进行丈量、画图、置砧基簿的。自行陈报的令结甲（十户为一甲）出榜公布，展期一个月，由当地百姓核实。少报或漏报的田地，收归国有。三、昨已起行新税，依额理纳，待清查后，再行均减。四、再次申明，推行《经界法》，不增加税额。

　　江山县县尉汪大猷检查龙游县时发现贫下户中有人怕受罚，有意将田产多报。便向李椿年汇报。李椿年说："要广泛、深入宣传《经界法》的意义，目的是'要在均平，为民除害，不增加税额'。对以少报多的人，允许他从实际出发，将多报数改正，不追究责任。"汪大猷又说："民众建议每保制一张大图，将某某田地、林塘都注上，十保合成一张大图，用纸二百番展出，可以查出隐田。"李椿年采纳了他的建议，史称："李椿年听其言，轻刑省费甚众"。李椿年以快刀斩乱麻之势，拨乱反正，使《经界法》的推行回到了正确的轨道上。

十三、经界行处　效果显著

　　《经界法》推行了七年。除淮东、淮西、京西、湖北,福建汀、泉、漳三州因何白旗率乡民起义,四川一小部分边远山区,荒凉的海南岛,都陆续推行了《经界法》,全国税籍得到了一次统一的整顿。经界推行的情况是不同的,这与当地官吏执行的态度和各种政治力量间的博弈有着直接的关系,凡是执行坚决的,效果都非常显著。

　　以江南东路徽州为例,据《徽州府志》第2卷第22页上载:宋本府初名歙州,北宋末更名徽州,领县六个,即歙县、休宁县、绩溪县、婺源县、黟县、祁门县。未行经界前,本府共有田一百五十一万六千二百亩零五分。绍兴年间,行经界为三百万亩,后更正为二百九十一万九千五百五十二亩。户数,经界后比经界前减少将近一倍,而土地增加接近一倍,其中黟县的田地增加了两倍半。正是《经界法》,革去"诡名挟户"合并子户,清查了"诡名挟佃",把隐瞒的田地清查出来的结果。

附统计表：

户 亩 数 时间 县名	行经界前		行经界后	
	户数	田亩数	户数	田亩数
歙　县	44530	252984	22716	460000
休宁县	32082	186950	17876	303964
祁门县	25907	199563	12233	700000
婺源县	35105	679707	26222	790000
绩溪县	11160	104538	9160	296000
黟　县	12365	92135	9041	234430
总　计	161149	1515877	97248	2784394

四川普州安岳县推行《经界法》时，查出隐瞒户两千七百多户。

因隐瞒财产而加税的有四千五百零七户。原来税重而减少的有六千一百二十二户。由此可见，《经界法》在不同程度上达到了"均税"的目的，取得了良好的效果。

原江南东路饶州乐平县（今江西省乐平市）20世纪80年代编的县志记载：南宋绍兴年间行《经界法》，本县有官民早晚田土八千三百七十六顷七十四亩，杂色田地三千二百零五顷四十七亩，共计一万一千五百七十三顷二十一亩（不含廊、邸舍、草店基）。

吴承洛著《中国度量衡史》载：宋时一尺合零点九二一市尺，宋时一亩折合市亩八分四厘。按此结算，当时乐平县共有耕地面积为九十九万二千三百零六市亩。

《经界法》查清缘由,减轻了县与县之间不合理的税赋负担,解决了邻里之间的矛盾,增强了团结。宋末元初,乐平籍人马端临(其父马廷鸾曾任南宋末宰相)以手边大量的当时文史资料,着手编撰了《文献通考》一书。该书记载:"江南西路的清江县修编乡有税钱四十余缗,苗米二百余石,人烟田产并在筠州高安县祈丰乡。上述苗税,在经界法中谓之'写佃',在当地乡村称之'包套'。经办核定,两县随产认税,使清江县有税无田,高安县有田无税,得到了合理解决。"

南宋文学评论家罗大经撰写的《鹤林玉露》一书中提及:"《经界法》推行后,田税均齐,田里安静,公私皆享其利。"

十四、奸人诬陷　罢官离职

　　绍兴十九年（公元 1149 年）辛丑日早朝，李椿年正在向宋高宗汇报《经界法》推行情况，未等他把话说完，秦桧便暗示殿中侍御史曹筠弹劾李椿年，控诉他"求荐刘大中、阴交赵鼎、私结将帅、曲庇家乡"四大罪状，还说："不责之，难塞众议。"宋高宗便以"寝失本意"（违背了朕的本意）为由罢了李椿年的官，把他流放到江州，但没有否定《经界法》。

　　秦桧怕李椿年揭发其暗增民税，破坏《经界法》推行效果，暗示殿中侍御史曹筠弹劾李椿年的四大罪状，其中求荐刘大中，阴交赵鼎，私结将帅三事，前文已经说明，唯有"曲庇家乡"一事，有必要核实、说明。

　　浮梁，时属江南东路饶州，直到明太祖朱元璋调整全国行政区域，将辖地划为十三个省，浮梁才随饶州划给江西，正式成为江西省辖地。浮梁与时属徽州的祁门、休宁、婺源三县山水相连，与本州的乐平县（今乐平市）、鄱阳县接壤，属山区向丘陵过渡地带，境内呈"八山半水一分田，半分道路和庄园"的地貌。县民以生产经营瓷器、茶叶、木材为主。中国古代出口产品三大宗（瓷器、茶叶、丝绸），浮梁县就产有二大宗（瓷器、茶叶）。浮梁的自然条件与地处山区的祁门、休宁、婺源三县基本相同，因为当时与它们不属同一个州，所以不好与它们比，只能与本州毗邻的乐平县相比。只要从事或参与过农业生产的人都知道，农业生产，除人为的因素，离不开大自然的水、肥、气、热等条件，不讲条件是不客观的，也是违背科学道理的。所以，浮梁与乐平一比就知道：浮梁县有田地六十七万一千二百七十亩三角，大部分是黄泥结板田。乐平县丘陵较少，多数是平原、水田，大部分是由冲积泥沙所形成，土体厚，土壤肥。浮梁县的气温比乐平县一般低一至二摄氏度，日照时间每日少二到四个小时。浮梁与乐平县的农田大部分是在河中做堰自流灌溉。浮梁山高水冷，乐平土地平旷，日照时间长，水热。浮梁县的农田多为一年一熟，冬季只有少数田种植油料作物。乐平县的农田种植稻谷、油菜或麦类，一年二熟或三熟。以 1949 年为例，浮梁的田，年亩产平均一百八十一斤，乐平县的田，年亩产平均五百五十一斤。在南宋时，乐平的亩产同样高于浮梁，但乐平县平均每亩纳税粮三十八斤，浮梁县平均每亩纳粮五十一斤。按田产纳税，浮梁农民的负担高于乐平。由此可见，李椿年并没有"曲庇家乡"，而是秦桧与王鈇一伙强增浮梁人的负担，直到明初，朱元璋才下令免除浮梁人一部分赋税负担。"坏事有时变好事"，浮梁的先民尽管多交了一百多年的冤枉税，却为国家多做了贡献，为全国人民减轻了负担。假如李椿年泉下有知,他也会含笑的。

绍兴十九年(公元 1149 年),李椿年被罢户部侍郎,流放到了江州(今江西九江)。他无官一身轻,倒可以自由行动。他到了九江后,同弟弟李延年到九江县乡下祭奠了岳飞的母亲姚氏。岳母姚氏,河南汤阴人氏,家遭水灾,家毁人亡,她守寡带大岳飞,亲自教子读书。相传家中无钱买笔纸,她便用沙盘写字,教子文化,教子忠君、爱国爱民,用绣花针刺"精忠报国"四字在岳飞背上,使之永记不忘。金兵入侵后,又动员儿子投军保国。岳飞南下勤王,家中沦陷,岳母由岳云与牛皋护卫,到九江投奔岳飞,定居在九江乡下。岳母一生贤良,人称贤母。李椿年在慰问了岳飞的遗孀李夫人后,又看望了岳飞的儿子岳雷、岳震、岳霆。其时,岳霆年龄尚小,还是孩童。李夫人贤良闻名于世,早年曾为战士擦洗伤口,清除脓血,上药包扎,又曾花钱救济乡间贫穷老人。李椿年与李夫人同族,一向以兄妹相称。两人坐在一起回忆了一些往事,畅谈了"三田"(界田、孚田、严田)李家迁移发展史。李椿年又到栗里凭吊了先贤陶渊明的故居。从陶渊明的"既自以心为形役,奚惆怅而独悲?悟已往之不谏,知来者之可追。实迷途其未远,觉今是而昨非""云无心以出岫,鸟倦飞而知还""世与我而相违,复驾言兮焉求""富贵非吾愿,帝乡不可期"等名句中得到了一些精神上的安慰,思想获得了一些解脱。

一日,在九江街上,李椿年巧遇岳飞的旧部徐庆将军。两人分别多年,倍感亲切。徐庆将军请李椿年兄弟俩登上浔阳楼,三人坐在一起喝茶,叙述往事。徐庆谈起岳元帅被捕入狱,岳云与张宪二位将军到京都探监。当时,岳云要打破牢笼救父亲出狱,岳飞不同意,并责备他说:"你能打破监狱,能打破国家的法度吗? 你这一胡闹,必然引起祸乱,轻则殃及百姓,重则危害国家。"秦桧听说岳云、张宪到了京城,决定一网打尽,令人逮捕岳云、张宪。由于岳帅不允许他俩反抗,他俩只好束手就擒,与岳帅一同遇害。岳帅的女儿银瓶小姐见父兄身死,怀恨投了井。李椿年听到这里,赞叹地说:"满门忠烈!"徐庆接着说:"岳帅被害后。众将士准备起兵以'清君侧'的名义,将秦桧碎尸万段。若不是赶制孝服耽搁了些许时日,早就起兵了。是你李大哥了解我们的心情,在此关键时刻,令延年兄弟送来了劝阻信,晓之以理,动之以情。我们都知道你李大哥与岳帅关系好,又与你相处了三年,了解你的德行,我们信得过你,决定听你的话,才放弃起兵。那时,普天之下只有你一人能劝住我们,若不是李大哥你出面,我们险些成了祸国殃民的千古罪人。施全将军愤恨难平,毅然一个人进京,守在相府门口,伺机行刺秦桧,被秦桧家将擒住,斩首示众。我们都是逞的匹夫之勇,只有李大哥你才是大智大勇! 你应该知道本朝规矩,朝中大臣与在外的将帅私通,那是大过。你不顾个人安危,敢于写信给我们;你敢于推行《经界法》,触犯豪强富户的个人利益,为国家增收,为人民减负,这就是大智大勇!"李椿年说:"过奖了! 过奖了! 那是你们的信任与支持。"徐庆又接着说:"岳帅被害后不久,张俊派人来接管岳家军,我们不愿与奸人为伍,更不愿受奸人的领导,纷纷离去,数日间,八万多人只剩不到十分之一。许多人积郁成疾,有的当了和尚,有的做了道士,还有人率本部人马落草为寇,干起劫富济贫的行当。他们虽然离开了岳家军,但我深信若是金兵来犯,他们仍然会抗金救国,只不过可叹的是,英勇善战、令敌人闻风丧胆的岳家军,竟被一群奸臣给断送了,已经收回的中原大片失地,又被拱手让给了敌人。国家不能一统,成了千古憾事。"两人相对无言。过了一会儿,徐庆问:"李大哥,你不在朝为官,到九江来干什么?"李椿年答:"罢官了,现在我是普通百姓一个,被流放到这里。"徐庆听后,仰头长叹道:"天啊!不公啊!为什么如今小人得志、好人受气。长此以往,我看,大宋要完!"

十五、流放宁国　听友说易

绍兴二十年(公元 1150 年),李椿年又被流放去了宣州。

宣州,当时设在宁国县城,又曾一度更名为"宁国府"。

李椿年对宁国县非常熟悉,他曾在此当过县令。在职期间,他经常下乡调查研究,接近民众,对这里的山水和人们很有感情,在他的心里把宁国当成了自己的第二个故乡,在这里交了很多朋友,吴柔胜就是其中一个。

吴柔胜,宁国县的名士,祖籍苏州吴县,祖上在北宋时曾在朝为官,世代读书,研究易学。其祖父游到宁国县,见仙霞山风景秀丽,是块风水宝地,料定日后子孙必出国家栋梁之材,便举家迁到宁国定居。

吴柔胜为人随和,喜交朋友,积德行善,乐于助人,曾为本县教谕。他无意功名,隐居乡间,半耕半读,日子过得自由自在。对于家传易学,他更加钻研,有较高造诣。他生了三个儿子,长子吴渊、次子吴泽、三子吴潜,均中了进士。吴潜曾任南宋末年的左丞,清正廉明。右相贾似道是个秦桧式的大奸臣。他授意沈炎弹劾吴潜,吴潜被流放到循州（今广东省惠州市），贾似道乘机独揽大权。南宋恭帝德祐元年（公元1276年），贾似道率军与元军作战，失利远逃，也被贬去循州，路过福建漳浦县，县尉郑虎臣为报父仇，一锤将贾似道锤死在漳州木棉庵，人心大快。有人写了一首词，名《长相思·去年秋》，反映了这回事。词曰："去年秋，今年秋，湖上人家乐复忧。西湖依旧流。吴循州，贾循州，十五年间一转头，人生放下休。"（湖上人家，指住在西湖葛岭别墅内的贾似道。吴、贾被流放恰好事隔十五年）

李椿年一到宁国，第二日一早，就去拜访吴柔胜。双方分宾、主坐下，互相问候，畅叙别后情。李椿年说："罢官了！去年被流放到江州，今年又转到宣州。"吴柔胜说："好事！天大的造化，这是你惩恶扬善的结果。你秉性刚正不阿，处处与豪强富户作对，没收他们的财富弥补国用，救济贫民，是一位劫富救贫的'文侠'。他们有钱、有权，欲置你于死地而后快，被你挺过来了，我真为你高兴！今以茶代酒，向你祝贺。"

李椿年说："我这次来是有求于你，想拜你为师，学《易经》。"吴柔胜说："为师不敢当，我俩共同学习，一起探讨。"

吴柔胜说："《易经》的确奥妙无穷，包罗万象。我阅读、研究了几十年，只能说略懂皮毛。你聪颖好学，悟性很高，又能坚持刻苦学习，一定有成就。说教谈不上，我将阅读领会与其基本的要领说说，供你学习中参考。"

吴柔胜便从易的起源开始讲解："易者,变也。宇宙间的万事万物都在不断地变化,只不过有的变得快,有的变得慢,有的突变。对于变得慢的物体,人们的感官不容易察觉而已。所以,沧海桑田,易如日月不停地移动,易是日月的综合体。易,起源于八卦。传说盘古开天地,三皇五帝定乾坤,三皇之一的天皇伏羲氏,创制了八卦。何为八卦?它外方内圆,将八个符号刻在兽皮上或圆形树叶中,挂在树干上,能转动,故名八卦。最早主要用它来辨别方向,以乾卦开始。人皇神农氏以伏羲的八卦为基础,制作了以坤卦为始的八卦。那时没有文字说明,故名'先天八卦'。伏羲、神农的八卦相同,只是符号摆放的位置不同。夏代流行'连山易',商代盛行'归藏易',不过这些离我们太远了,它的内容为何,谁也说不清楚。

"商末,西伯侯姬昌,也就是周文王,是一位很有智慧之人。他被商纣王关禁在一个叫羑里的地方。姬昌为了打发时光,减少寂寞痛苦,将蓍草的秆折成段来演绎八卦,占卜吉凶、祸福。他在伏羲、神农八卦的基础上,创造了以乾卦开始的八卦。人们叫它'后天八卦'。八卦是三爻,乾三连(☰)乾,坤六断(☷)坤,震仰盂(☳)震,艮覆碗(☶)艮,离中虚(☲)离,坎中满(☵)坎,兑上缺(☱)兑,巽下断(☴)巽,其中,乾,代表天;坤,代表地;震,代表雷;艮,代表山;离,代表火;坎,代表水;兑,代表泽;巽,代表风。其摆布方位从西北方向开始,顺时针转,即乾、巽、坎、艮、坤、震、离、兑。姬昌将八卦演绎成八八六十四卦,三百八十四爻,并撰写了《卦辞》。姬昌的儿子姬旦,也就是辅佐周成王的周公,继承与发展了其父亲的八卦,撰写了《爻辞》,也就是讲变卦之词。后来人们把文王八卦,与《卦辞》《爻辞》统称《周易》。这时的《周易》主要用来卜课,问天地,即乾、坤卦的吉凶、成败、祸福,决定自己的进退。它没有绝对的好,也没有绝对的坏。如能正确对待与恰当处理,坏事可以引出好的结果,即人们平常讲的逢凶化吉,遇难呈祥或反败为胜;同样,占卜到好事如果骄傲自满,狂妄自大,逆理而行,也会招致失败。它强调人的主观能动作用。

"易,是古人智慧的结晶,中华民族文化宝库内的瑰宝,文化经典中的经典。周朝初年与东周列国时期,诸子百家的学说,都源于《周易》。商末,辅佐文王、武王建立周朝的姜太公,又名吕尚,他有个观点,叫'恩生害'。恩怎样生害呢? 内含易义。他说,一个人对另一个人施恩过分,必然会反目成仇,适得其反,也就是人们常说的娇子不孝,娇惯纵容,使他成了祸根,危害社会。这就是'恩生害'的道理。唐代重用武将,使他们拥有兵权又有了辖地,结果藩镇割据,夺了唐朝天下。为避免恩生害,应该是养教结合,恩威并重。老子、庄子、韩非子的学说,也源于《周易》。相传孔子求学于老子,他四十九岁才开始学《周易》。他学习认真,写了很多心得笔记,其中有《系辞》《爻辞》上下篇和《文言》《说卦》《序卦》《杂卦》等十部,称《易经》十翼。孔子把政治掺了进去,讲刚柔相济、天人合一,使它成为修身、齐家、治国、平天下的理论根据。

"《易经》为五经之首(《易经》《诗经》《尚书》《礼记》《春秋》),除了启发学说,它甚至还改变了天下的形势。对战国走势起了重要作用的军事家和纵横家孙膑、庞涓、苏秦、张仪都是鬼谷子的学生,而鬼谷子相传正是一位《易经》研究者。

"在两汉时期,《易经》同样被奉为经典,郑玄、司马徽对其较为谙熟。据传,司马徽弟子的诸葛亮,在奠定'三分天下'的赤壁之战中,授意东吴大都督周瑜根据《易经》中冬至一阳生,十月小阳春的原理,在东南风起之日以火攻击破曹操八十万大军。曹操吃了忽视《易经》的亏,但他的女婿何晏却与同时期的易学家王弼是好友,王弼虽然只活了二十四岁,但他对《周易》做了整体的分析,他所著的《周易注》《周易略例》对《易经》的研究发展做出了巨大贡献。

"唐太宗贞观年间的虞世南对《易学》的发展起了推动作用,他曾说:'不读《易》,不可为将相。'此后,研究《易经》的人也多了起来,本朝几乎所有读书人都研究《易经》,形成一时之风气。其中有成就的有两个人。一是陈抟,他先后隐居于武夷山、华山、少华山,能预知未来之事。他把《易经》作为养生之道,活了118岁,著有《太极图》《太极阴阳说》等。二是邵雍,字节夫,相传他预知家中一个瓷器花瓶于某日午时破碎。那一天,他把花瓶放在堂前桌子上,眼睁睁看它怎样破碎。他老婆叫他吃午饭,他不理。老婆便扫尘除,谁知在擦拭花瓶时用力过猛,花瓶破了,邵雍的预测应验了。除了预知,邵雍的《皇极经世书》运用易理和易教推究自然演化,将哲学、易学和历史学融为一体,是一部集大成之作。"

　　吴柔胜接着说:"《易经》的核心,是象、理、数。象,指的是现象;理,指的是道理、原理;数,指的是得数,也就是结局与结果。这象、理、数是放之四海而皆准的普遍真理。任何万事万物的发生和发展,都有它的象、理、数。例如天要下雨,它的现象是乌云、闪电、雷声、刮风,也就是人们常说'山雨欲来风满楼'。观天象'东虹晴,西虹雨,南虹涨大水,北虹动刀枪''日晕而风,月晕而雨''彗星出现,必有战争'。一户人家的兴衰,也是象,例如家和人勤,其家必兴;家乱人懒,其家必败。理,一切事物都有它的道理,必须顺理而行。如日月从东方出、西方落,水向下流、火向上蹿,一年四季春、夏、秋、冬等,都有它的自然规律。再比如,积善之家必有余庆,行恶之人必有祸殃,这些都是理与数。自私自利的人和耍阴谋诡计的人,以损人开始,害己告终。凡发动战争的人,终要失败。"

十六、传授朱熹　推行经界

　　绍兴二十四年(公元 1154 年)正月,朝廷来了诏书,任命李椿年为宣州知州。

　　李椿年一上任,就动员组织六县农民利用农闲季节,自愿互利,大搞农田水利基础建设,为夺取当年农业丰收奠定基础。动员人数之多,场面之大,是前所未有的。它鼓舞了人心,影响了周边州县。人们议论他,尊敬他,崇拜他。人们打听到,现在的知州,就是二十年前的宁国县令,也是措置《经界法》、平均赋税的李大人。消息一传开,每日到州署来参拜他的人络绎不绝:有的来谢恩,有的来拜访,还有的慕名来求教。邻州歙县有位名叫朱熹的青年就是慕名来求教的。

　　朱熹祖籍徽州婺源县,出生于福建闽侯县。因父亲朱松刚到徽州任职,他随父就读于歙县紫阳书院。

　　朱熹早就听说李椿年是一位一身正气、满腹经纶的长者,呕心沥血了大半生,为国为民办了许多的好事,尤其是他措置的《经界法》有益民生、功德无量。他也因此触犯了权贵、富户的个人利益,被弹劾罢官后仍无怨无悔,充分体现了一位士大夫"富贵不能淫,贫贱不能移,威武不能屈"的高尚气节。朱熹早想拜访求教,奈无机缘,如今李椿年大人调到离此地不远处任职,真是天遂人愿。他将此想法向父亲提出,他父亲表示赞同,并吩咐他要像对待老师一样去拜见李椿年。

春分时节,风和日丽。朱熹租来一匹快马,奔驰一百三十多里,于日落前到达宁国县城。他牵马步行,找到州衙,递上书帖,在门口候见。

李椿年正在处理公文,见衙役递上的书帖上写:"宣州李大人,歙县紫阳书院学生朱熹特来求见。"他想了又想,记不清认识这个人,本想不见。可是他转念一想,一个学生远道来访,必有所求,便叫李延年外出看个明白。

李延年到门口便问:"哪位相公叫朱熹?"

朱熹听唤,立即上前拱手作揖,回答:"在下朱熹,从歙县慕名求见李大人,请求赐教。"

李延年见是一位身材不高、眉清目秀、年纪轻轻的文弱书生,举止言谈很有礼貌,便说:"相公,请稍候,我为你禀报。"说完,他转身入内告知兄长。

李椿年听说是一位二十岁上下的相公慕名来访,便吩咐有请。李延年再次外出引进。

朱熹闻讯,立即将马牵入府门交门卫看管,随李延年走上大堂,跪在地上说："晚生朱熹叩见李大人。"

李椿年起身回礼,忙说："朱相公,不必多礼,快快请起!"他吩咐李延年陪朱相公到书房歇息,并安排食宿。

朱熹跟着李延年来到书房。书房在州衙内院。从大堂侧门出,穿过一个小院,上几级台阶,有一幢坐北朝南的四间平房,中堂一间会客室,两边是卧室,环境整洁、幽雅。朱熹到堂中,看壁上挂着一幅山水画,两壁间贴着几首唐诗宋词,其中有王安石的《泊船瓜洲》:

京口瓜洲一水间,钟山只隔数重山。

春风又绿江南岸,明月何时照我还?

堂中央摆着一张红漆八仙桌,方桌上首安放着两把油漆太师木椅,下首和东西两向摆放着六只油漆圆凳,排列整齐,一尘不染。朱熹便在西侧圆凳上坐下,心想李大人真是一位忠厚长者,与我素昧平生,且又身份悬殊,能以客礼待我,果然名不虚传。李延年端来一盅热茶,并说:"请相公用茶。"不一会儿,李椿年回来了。朱熹立即起身再次拜见。李椿年见状急忙制止:"请坐,不必多礼。"说完,他便在朱熹对面坐了下来。

朱熹说:"李大人,您德高望重,仅在宁国就受万民景仰,何况全国。晚生曾多次听到人议论您忠君、爱国、爱民的事迹,十分仰慕。您是晚生心目中的楷模,早就渴望见到您,一听说您在宣州任职,就赶来拜见。论官职,您是知州大人;论学识,您是先生;论年纪,您是老前辈。今日是学生来拜见先生,请求不吝赐教。"朱熹说完欲叩拜,李椿年急忙扶住,请其坐下说话。

李椿年第一眼见到这位青年就有好感,觉得他不卑不亢、落落大方,且又谦虚谨慎、谈吐不凡、胸怀抱负,将来必是国家栋梁之材。听他刚才这番话,虽是歌颂,却出于诚意,便更器重他了。为了进一步了解这位年轻人,李椿年问:"朱相公家乡可在歙县,家中有些什么人?"

朱熹恭敬地回答:"晚生祖籍婺源,出生在福建,家父朱松现任徽州教谕,故随父就读于歙县紫阳书院。家父非常崇拜先生,常常谈起您,说先生是一位治国安邦的奇才,尤其是对先生措置《经界法》特别赞赏,说是前无古人的创举,影响后世的不朽之作。徽州六县的'砧基簿',至今保存完整,现已收入《徽州府志》。由于祖国山河破碎,《经界法》仅推行到部分地方,可惜遭到干扰破坏,先生亦为此蒙尘。晚生有志继承先生未竟之事业,日后如有可能,将《经界法》推行到全国各个角落。故前来求教,请先生将《经界法》推行的始末及其内容、方法,不吝赐教。"

李椿年大喜,高兴地说:"《经界法》后继有人了!真是国家之幸,百姓之幸!难得贤契有此志向,老夫一定会倾心传授。"

他俩正兴高采烈时,李延年已将朱熹坐骑牵到马厩,解带卸鞍,饮水喂料。李延年路过厨房,见饭菜已熟,便进入书房,轻声对椿年说:"饭已做好。"

李椿年会意，即说："时候不早了，用完膳后，我俩再秉烛夜谈。"

朱熹答："遵命！"双双出门，步入餐厅。

餐厅小饭桌上摆着四菜一汤。李椿年低头一看：一碗春笋炒腊肉、一碗红烧鱼块、一碗油煎豆腐、一碗水煮青菜、一大碗腌菜酸辣汤，便说："老夫饮食清淡，没有好菜招待，请见谅。"

李延年插话："我家老爷平日只吃青菜、豆腐，还说什么一青二白，由里到外，保持清白，永远不败。"

李椿年瞪了他一眼，似乎嗔他多嘴，接着说："我算什么，早年岳元帅行军之时，每餐也只吃青菜、豆腐。"

朱熹即说："打扰了，先生如此厚待，令晚生受之有愧！请问那四句顺口溜是何寓意，请先生赐教。"

李椿年说："没有什么，笑话而已。"

朱熹固执地说："愿闻其详，晚生洗耳恭听。"

李椿年说："一青二白不必细说，那由里到外，老夫认为，里指人的灵魂深处，不因馋嘴蜕化变质；外指人的身躯外形，不因多食鱼肉，导致身肥，肥胖者，必多病短寿。青菜、豆腐营养丰富，尤其是豆腐的营养价值不比鱼肉差，足可以活命保身。一个过惯了淡泊生活的人，私欲不多，不容易被人拉拢腐蚀，失败的可能也就小了。"

朱熹听后，连说："讲得好，有哲理，学生受益匪浅。"这短短几句话的确对朱熹晚年形成的理学"存天理，灭人欲"，有一定的启迪作用。

饭后，休息片刻，各自洗脸、泡脚，而后两人又坐在客厅谈起来。

李椿年说："老朽生在农家，靠公众资助读书。金榜题名后，因国家内忧外患，没有及时授职，在家候补了整整十六年。在这漫长的岁月中，我除了温习四书五经，阅读《史记》《资治通鉴》，还适当地参加田间劳动，听听农民兄弟的呼声，做些社会调查研究。我觉得当时的社会弊病，主要是豪强富户乘战乱之机，大肆兼并土地。有的富户拥有良田几十万亩，而大多数贫下户没有寸土，比西汉董仲舒讲的'富者田连阡陌，而贫者无立锥之地'有过之而无不及。加之有的地方因为战乱，人户流徙，大多数田地无主，国家赋税没有着落。许多州、县地籍散乱，赋税没有凭据，由书吏主观分配税额。有的富户'诡名挟户'分户与降低户等，有的富户'诡名挟佃'隐田，换名逃避赋税，田多的少税或无税，而贫下户卖田之后，未过户却仍要纳税，赋税不均，负担又不合理，扩大了贫富差距，影响国家赋税征集。"讲到这里，李椿年看了一眼朱熹，他在认真地听，还将有的话记在本子上。

李椿年继续讲："我朝自太祖开国以来，在开科取士中，偏重于录用文化之士，所以，许多文学家脱颖而出，忽视了重用理财与注重发展生产的大臣，像沈括、毕昇等有发明创造的人也没有得到重用，其科技成果也没有得到推行、应用，以致'国弱民穷'。北宋神宗看出了这个问题，破格重用了'言利'之臣，王安石当上宰相，推行新法,实行变革。新法损害了许多士大夫的个人利益,这些人群起攻击新法,加之推行新法机构内部也有人从中营私舞弊,使原来支持新法的神宗也产生了动摇。不久,神宗驾崩,年幼的哲宗继位,高太后垂帘听政,她是反对新法的,又起用保守派的司马光做了宰相,彻底废除了新法。自此后,朝廷把'言利'之人视为洪水猛兽,谁还敢提理财之事呢?崇尚空谈、不求务实一时成风,致使国家日困,百姓日穷。老百姓活不下去了,铤而走险,扯旗造反。"

李椿年喝了口茶,继续说:"我有位先生曾中进士,他很崇拜王安石。他认为要想国家强盛,百姓生活好过,必须革除弊病,推行新法。我受先生的思想影响,少年时就立志为国为民革弊兴利。可是,先生又说,进行变革是要冒风险的,或许比王安石的下场还惨,我知道他是试探我的决心,当即表态'以身许国,复颈恤耶!'先生满意我的回答,自此,更加器重我。经过反复商讨,我们打算从革除'诡名挟户'与'诡名挟佃'入手,平均赋税,从豪强富户的口袋里掏出粮钱,以补国用,同时又可减轻贫下户的赋税负担。根据孟夫子的'行仁政,必自经界始'的主张,故名'经界法'。当然,这个《经界法》,是在《方田均税法》的基础上发展起来的。北宋仁宗庆历三年(公元 1043 年),河北名州肥乡县(今邯郸市肥乡区)田赋不平,久莫能治。大理寺丞郭谘自告奋勇地说他有办法,并请秘书孙琳协助,采用'千步方田法'丈量田地,除无地之租者四百家,整无租之地者百家,收税八十万,流民回乡。谏官王素建议'均天下田',先后在亳州（今安徽亳县）、寿州（今安徽凤中）、汝州（今河南临汝）、蔡州（今河南汝南）实施。不久被废。王安石推行新法，其中的《方田均税法》就是采用郭谘的。以纵横各一千步为一方丈量，设大小甲头，名集一方人户，令各认本户田亩，官府按田地肥瘠分等完税，并编造方账、庄账、户帖与甲帖，作为存案与凭证，田产和税额倘有转移，官给契，县置簿，并以所方之田为准。我召集几位同学，参照'步田法'，研究出'五尺正方为一步，六十步为一角，四角为一亩'的折算办法，它更切合实际，适宜山区、丘陵地带的田块丈量。我又研究出将户口、人丁、田地等级、来源等综合一起的表格，然后，从自家田地量起，再量家族田，仅一个冬天就完成了任务。这次试行很有效果：一、积累了经验；二、增强了推行经界的信心与决心。试行经界后，我在宁国任职三年，干了两件事：一是将全县男女青年组织起来为民兵，保家卫国；二是组织几十名秀才登记清查户口与隐田，方法是业主自报，大伙评议，出榜公布。所以，刘大中大人巡视江南时，说宁国县'练习民事，稽税可考'，将我举荐于圣上。圣上自绍兴五年后，曾多次单独召见我，问民间利害，我多次陈述经界。直到绍兴十二年，国家急需钱粮开支，赋税又收缴不上来，百姓要求减税的呼声越来越高。例如平江府在'靖康'以前，每年纳粮七十多万斛，那里没有遭到兵火之灾，又没有洪涝灾害，田地没有荒废一亩，而田赋却减到二十万斛。在此情况下，圣上想起了经界，又一次召见我，我陈述经界不正的十大害处，提出了'行经界，则害转为利；

经界正,而仁政行矣',圣上同意推行,确定去平江府试点。当时,我打算'清查户口,丈量田亩,平均税额,建立税籍'。到那里后,我集思广益,修改为'打量画图,建立砧基簿',将户籍、地籍、税籍融为一体,做到民有定产,产有定税,税有定籍,官府按簿收税,民户按籍纳税。仅五个月,我便完成试点任务,达到预期目的。圣上闻后大喜,我即建议立法,将《经界法》推向全国,并撰写了《经界法》二十四条,经圣上批准,全国实施。正在经界开展得如火如荼时,我母突然病逝,按朝廷法制,我不得不卸任,回家'丁忧',秦桧指定王鈇代替我职,推行经界。他到任不久,利用巧言悦色,骗取圣上批准,将'打量画图'改为'自行陈报',将'由县组织,以户为基础,以都保为单位行经界,然后由经界局、司、所派员检核复实',改为'州、县自行办理'。他还暗增税额,主观臆断地下达税额指标,改变了由下而上的税额落实的原则,彻底改变了《经界法》'平均税额,为民除害,更不增税'的初衷。待我服除赴京复职,发现出了纰漏,采取措施补救:仍由业主自行陈报,增加了'张榜公布,邻里评议,差官审核、复实';又以十户为一甲,绘出山川、村落、田地图,标出业主田地位置,十甲合张大图,起清查隐田的作用,才把错误纠正过来。具体如十大害处、《经界法》二十四条等,都有文字记载,不用细说。请贤契明日抄录如何?"

朱熹说:"先生讲得太好了,使学生茅塞顿开,终生受用。真是听君一席话,胜读十年书啊!学生想明天返回,马是租的,利用今晚,将先生所教珍贵资料抄录下来,日后还要先生教诲。"李椿年说:"贤契赶了一天的路,又谈到深夜,今晚早点休息。既然日后还来,不如将资料带去抄录,我俩商定下次相会日期,到期派人去接你。"朱熹说:"书院确定农忙时放假,定于七月初一再来如何?"李椿说:"那好,夜已深沉,去睡吧。"当年六月三十,李椿年对李延年说:"贤弟,你去歙县一趟,牵匹马去接朱相公。一个在校的学生能有多少钱,朱相公老成才高,且又谦虚谨慎,严肃认真,日后必成大器,我无法完成的事,要靠他去完成了。"李延年说:"哥,你目光犀利,高瞻远瞩,一定不会看错人。明日,小弟乘一骑把他接来。"

七月初一晚间,李椿年与朱熹又坐在灯下长谈。

朱熹说:"先生如此费心,特意派令弟去接,学生感激不尽。"

李椿年说:"区区小事,何足挂齿!小事一桩,不值一提。"

朱熹说:"先生所言有关经界事,学生都铭记在心,只是有几个名词,仍请先生解释。如'打量、砧基、小保、大保、都保'等。"

李椿年说:"打量即丈量,打,是吴地方言。他们将洗说成打。蒸糕、熬糖,说成打糕、打糖;筑土墙,说成打土墙;帮佣,说成打长工;挑担歇肩,说成打杵等。砧,墩也;基,底也,两个字连在一起即夯实基础的意思。十户为甲,五十户为保,五百户为都保,是乡村的建制。"

朱熹答:"学生明白了,经界之法,已牢记在心,今日,请求赐教为政之道。"

　　李椿年说:"赐教不敢当,我俩共同来探讨,因为这个问题,涉及面广,老夫只能讲点自己的体会。我认为,为政首先要懂得为人之道。人生最重大的事情,就是爱国为民,为人不为己;最根本的问题,就是孝顺父母。尊师,如同敬父母;对待兄弟姐妹如同对待自己的手足;对配偶,要永结同心,互敬互爱,相伴终生;交友要慎重,道不同,不与谋。一旦结交,就要赤诚待人,肝胆相照。总而言之,对待人与事,要求有孝、悌、忠、信、礼、义、廉、耻八德,力求做到智、仁、勇。智者无忧,仁者无憾,勇者无惧。只有具备以上品德的人去为政,才能把国家与民众的事情办好。为政以德,以民为本。为官者说话办事,都要想到老百姓。所以,孟子说'民为重,社稷次之,君为轻'。有人说七品县令是县民的父母官,若出自民众之口,这是尊敬县太爷;假若当官者说这话,那是恬不知耻,本末倒置了。我认为老百姓才是为政者的衣食父母,为官者说话、办事为百姓,是百姓的公仆,不是老师。有的为政者,自以为聪明、高人一等,其实他很愚蠢。他不懂得智慧与力量均是来自民众。'卑贱者聪明,高贵者愚蠢',自认为高人一等的人,往往办不好事情,甚至一团糟。老夫几十年的经验,就是心中有老百姓。遇到疑问或忧愁事,就到百姓中去,听听他们的呼声、意见,求得解决问题的方法。初仕宁国之时,我不知如何治理,就到农村去,到老百姓中去,听听他们要求什么,想解决什么,我就按他们说的去做,组织他们中的有识之士来协助我,很快将有人认为难办的事办成了。推行经界时,我也曾遇到人为的破坏,当时,觉得毫无头绪,不知如何厘清,也是带着问题到基层中去,到老百姓中去,找到厘清的办法,当机立断,拨乱反正。《经界法》之后沿着正确的轨道运行,最终达到了目的。以上便是老夫总结的为政之道。"

朱熹说:"先生讲得太好了,令学生终生受用。"

自此,宁国县城流传知州李大人与歙县一个学生关系密切的佳话,一时成为美谈。《宁国府志》亦记载了这件事。

李椿年慧眼识珠,朱熹未负师恩。从此,朱熹把李椿年行经界从自家田量起等事迹传播开来,继承了李椿年的事业,曾三番五次上书,请求宋孝宗批准漳、泉、汀州行经界,把《经界法》继续传了下去。

十七、入主婺州　又行新法

绍兴二十五年（公元 1155 年）正月，诏书到了宁国，调李椿年任左中大夫，知婺州（今金华地区）。

正在这时，朱熹来宁国向李椿年贺新年，带来了婺源生产的龙尾砚、休宁生产的徽墨、歙县生产的上等毛笔作为新年贺礼。

李椿年对朱熹的馈赠表示谢意，随即讲了一个故事。

北宋仁宗时期有位大臣，名叫包拯，曾任过端州（今广东肇庆）的知州。

端州生产一种名砚，属珍贵的贡品，价值很高。包拯在产砚地当最大的官，仍用自己带去的砚台。端州有个乡绅知晓后，特在包公离任前不久，派人送去了一方端砚，说是赠予包大人做个纪念。包拯离任时，没有带走这方端砚，却在墙上留下一首诗：

清心为治本，直道是身谋。

秀干终成栋，精钢不作钩。

仓充鼠雀喜，草尽兔狐愁。

史册有遗训，毋贻来者羞。

包拯为官清廉,不贪端砚的故事,成为美谈,一直流传至今。

李椿年责怪朱熹道:"贤契,你还是学生,哪来钱买此贵重之物赠我,我又怎能受领呢? 古人云'君子之交淡如水',你的做法太令我失望了。"

朱熹见李椿年如此认真,连忙解释:"先生讲得不错,学生铭记在心。不过,事出有因,前两次,学生从这里回去,向家父谈起先生的教导与爱护,家父对先生非常感激与钦佩,特意备下几件小物品,吩咐学生送给先生留作纪念。家父将调去京城,学生亦随父同行。今年是大比之年,学生要准备应试,自此,与先生天各一方,或许是相见日少了。这次,一来拜年,二来告别。我想先生总该领学生这份情意吧。"

李椿年见他情真意切,只好收下礼品,并告诉朱熹:"老夫也接到朝廷诏书,即将赴浙东路婺州任职,日后有暇,请贤契来婺州一叙。"

朱熹离开宁国前,李椿年馈赠他与砚、墨、笔同等价值的宣纸,并说:"贤契赠老夫文房三宝,我赠贤契一宝,正好四宝齐全。望贤契笑纳。"他还诙谐地讲了四句顺口溜:"文房四个宝,时刻不可少,写出锦绣文,金榜题名了。"朱熹不便推辞,只好收下。

李椿年又叫李延年送朱熹回到歙县。

不久,周大人到宁国接任知州,李椿年很快就办了移交手续,准备起程。

102

　　李椿年没有惊动任何人，只留下一封信，托人交给吴柔胜。第二日拂晓时，他与弟弟李延年骑着马悄悄地离开了宁国，向婺州奔去。经过旌德、绩溪、歙县与淳安、兰溪，于第二日晚到达金华。

　　婺州，隶属浙东路，领县七个，分别是兰溪、金华、义乌、浦江、永康、武义、东阳，府衙设在地处中心的金华县城。

　　婺州离当时的京城杭州不远，地处东西南北交往的中心，交通发达；地处低丘，土体厚实，土壤肥沃；气候温和，雨量充沛，适宜较多的农作物生长，水旱等自然灾害很少。这里人口稠密，小集镇遍布乡村。这里的人们勤劳勇敢，吃苦耐劳，文化层次较高，生产技术先进，农产品产量高，商品率也高。自北宋末年至南宋绍兴初年的几十年间，这里没有外侵与内乱，没有遭到兵火，社会稳定，人们安居。除了得天独厚的自然条件，这里人才辈出：抗金名帅宗泽就出生在义乌；著名学者吕祖谦、吕祖俭兄弟也生于金华县城。可以说，婺州是一个"物华天宝，人杰地灵"的好州郡。

　　李椿年曾多次到过婺州，熟悉这里的风土民情。他认为，此处是试行"新法"的好场地。他用了很短的时间，下到辖区内的七个县找县、乡官吏了解情况，到乡村中体察民情，到田头地角、大街小巷去听老百姓的意见与要求。他从中了解到，婺州虽然物产丰富，普通老百姓的生活仍然艰苦。许多农民每天五更起，半夜歇，终年在土地上辛勤耕耘，仍然食不果腹；自己织制了许许多多的绢、绸、绵、缭，身上仍然衣衫褴褛。究其原因，一是官府的苛捐杂税过重；

103

二是受商人与富户的盘剥。前几年行经界，田赋杂税虽有所减轻，但仍被盘剥，有增无减。如农产品价格很低，新谷上市时，富商压级压价收购，甚至谷贱如糠；每当青黄不接时，富商又抬高粮价，高价出售，米贵似珍珠。贫民为了活命，不得不去向富户、钱庄借高利贷，待到秋收时，归还借贷后所剩无几。年复一年，穷者愈穷，富者愈富。李椿年觉得更有必要效法桑弘羊与王安石，抑商利民，扶助农民发展生产，减少盘剥，摆脱贫困。

李椿年从书箱内找出了桑弘羊的《盐铁论》与王安石的《新法》再一次阅读起来。

西汉武帝时，官府、富商彼此争购货物，常使物价昂贵，各地向中央交纳贡物，运费又多超过原价。为了改变这一不合理的现象，大司农桑弘羊于元鼎元年（公元前115年）试办均输。"郡国置输官以相给运，而便远方之贾，故名'均输'"。试行后，效果非常好。元封元年（公元前110年），这一措施在全国推行。大司农下设"均输官"与"平准官"，开委府（商品仓库）于京师，回笼货物，贱则买，贵则卖，是以县官不失实，商贾无所贸利，故名"平准务"。民不益赋予天下用饶。反对推行"均输"与"平准务"的人，指责它导致"农民重苦，女工再税"，致使富商、奸吏乘机渔利，物价依旧腾跃等弊。因"平准务"与"均输"有益于民，后世常仿效。唐代有位名叫刘晏的大臣管理东南财税，就曾用税款购物，供应西北的关中地区。

北宋王安石参照桑弘羊的"均输"制定《均输法》。那时，为了供应皇家与朝廷官宦的消费物资,朝廷就在江、浙、荆、淮等六路设置发运使,命使管理、购买物资运往京城开封。但发运使只是机械地按照规定办事。"丰年便道,可以多致而不敢取赢;歉年物贵,难于供应,而不敢不足",而且多求于不产之地,致使农民异地转贮以奉,而富户商贾则乘机贩卖,操纵物价,获取暴利。农民深感痛苦。王安石任宰相时,授权总管六路财赋和茶、盐、矾、酒税发运使,他根据库藏和收支情况,凡朝廷所需货物,可动用国库拨款并移运六路财赋,尽量在廉价或近地收贮,存储备用;荒歉时同丰收地区相调剂。这样做既节省了贮价与运费,又使国用充足,并具有调剂供需、平抑物价的作用,政府的财政也受益匪浅。

北宋初年,豪商控制同行,操纵市场,对外地小商贩运来的货物压价收贮,高价售出,获取厚利。王安石于熙宁三年(公元1070年)制定《市易法》,在汴京设"市准务"。由政府拨款一百八十万缗,供收购货物和小商贩借贷之用。市准务收购市场上的滞销货物,待市场需要时,小商贩可向市准务赊购,于半年或一年之后,加息一至二成,本利一并归还。王安石之后又在杭州、润州(今江苏镇江)、长安、凤翔等城市陆续设置市准务。市准务设立后,豪商大贾不能随意垄断市场,小商贩不致遭到大商贾的欺压,而且物价稳定,对生产与消费者都有利。

王安石还制定了《青苗法》,授权各州、县利用国库常平仓的钱粮,在每年的二月和五六月份,借贷给缺钱粮的农民,并规定每户不得超过十五贯,利息二分(比高利贷利息低许多),春初借贷随同夏税归还,夏初借贷随秋税归还。《青苗法》使贫苦农民免受高利贷的盘剥,而州、县官府又有微利可图。粮库以旧(粮)换新粮,可减少虫鼠侵害与霉变。《青苗法》还规定,在贫下户借贷之后,仍有剩余,也可以由富裕户借贷,其目的是"多取兼并豪强,以济贫弱(户)"。

李椿年看过《盐铁论》与《新法》后,结合当时婺州的实际情况,反复思索,拟定了一个初步方案。他觉得这事关系重大,需要动用国库常平仓的钱粮,一定要写奏疏,求得圣上批准,才可实施。于是,他深夜起草奏疏。这份奏疏的内容大致如下:

婺州是东南较大的一个州,也是物产富饶的一个州。这里人口稠密,物产丰富,商贾云集,市场活跃。圣上恩泽,万民得福。

圣上委臣管理此州,微臣不敢懈怠,竭尽全力,将州管好,以报君恩。臣到任后,深入城郭,体察民情,发现这里虽然有得天独厚的自然条件,物华年康,但有许多农民辛勤耕作,仍不得温饱。究其原因是深受富商大贾的盘剥。每当新谷上市,商贾压价收购,青黄不接时,又高价售出,或囤积居奇,他们从中牟取暴利。每当生产时,贫下户缺乏生产、生活资金,为了活命,不得不去向富商大贾借贷,利息五成至一倍,可算高利贷矣。贫下户受此双重盘剥,好年景其收入不够付息。所以,贫者愈贫,富者愈富,贫富日渐悬殊。

州、县均有常平仓。储有钱粮,久存未动,线烂(串钱的绳线已烂)粮蛀。臣打算以旧换新,用此钱粮借贷于民,收取二分利息。此举一可扶助贫下户发展生产,免受高利贷盘剥;二可抑商贾取暴利;三可使州、县常平仓以旧换新,有微利可图。利国利民,何乐而不为?

臣拟效法王安石,试行"平准务"。秋收时,平价收购农产品;市场缺货时,又以公平价格销售。此举既可抑商垄断市场,又可利民,使国家获利。

恳请批准。愿我主保重龙体,万寿无疆!

李椿年拟好奏疏,反复看了几遍,斟酌字句,觉得没有什么纰漏,便装入信袋封好,交给弟弟李延年,吩咐其火速送交吏部侍郎李涧,请他转呈圣上。

宋高宗阅览李椿年的奏疏后,觉得李椿年老当益壮、忠心可嘉,于是批复:

"《青苗法》,平准务,有利有弊。北宋期间时断时续。尔既有心,可以试行。将其效果,上报朝廷。"

李椿年接到批复,志越坚、信心更足。他觉得还要统一州、县同仁们的思想,争取他们共同来试行。在同年四月,他主持召集州、县与常平仓官员到金华开了一个会。会上,他说:"我们都是朝廷命官,都应恪尽职守,上为国家,下为黎民。常言道'为官一任,造福一方'。今日,我们在婺州任职,就要为婺州的百姓排忧解难。婺州这地方,各位比我更清楚。它上得天时,下占地利,人们的素质也很不错。他们勤劳勇敢,心灵手巧,充分利用天时地利,生产出许许多多的物品,致使商贾云集,市场活跃,购销两旺。这是其他山区偏远州县无法媲美的。可是在这样好的环境中,仍有很多贫民食不果腹,衣不蔽体,长年累月在贫困线上挣扎。是他们愚蠢吗?不是!是他们懒惰吗?也不是!什么原因呢?因为他们穷!这个穷,不是天注定,地铸成,更不是他们自己造成的,而是制度不公平!当他们的农产品投入市场时,富户豪商大肆压级压价收购,不卖吧?急于归还旧欠,有的鲜品还会霉烂,非卖不可。这就叫'物贱伤农'。而当青黄不接时,农民急需钱用,却又借贷无门,不得不去向豪强富户、大商贾借高利贷,五成至一倍利息,受此双重盘剥,能不穷吗?我们常平仓储钱粮,因墨守成规,宁可霉烂、虫蛀,也不借助于民。我想改变这种不合理的状况,效法王安石的《青苗法》与'平准务',抑商利民。自古商人重利轻别离,脸笑,嘴甜,损人利己。现在农家养猪一年,不如商人卖肉半天。一头猪的利润,全由商人赚去了。能否组织农民联合成股,合伙将农产品直接投入市场,它既保障供给,又稳定市场价格,生产者与消费者各得实惠。这里讲抑商,不是打击他们,只要他们自己老老实实,忠厚本分,不搞欺、蒙、哄、骗,不以劣充优,不以假乱真,不垄断市场,不囤积居奇,能做到公平交易,童叟无欺,仍然有利可图。什么叫《青苗法》呢?就是在青黄不接时,州、县常平仓拿出库存的钱粮借贷于民,利息低至二成,扶助贫困户发展生产,免受豪富商贾重利盘剥。秋收后,本利一并归还。

常平仓将钱粮以旧换新，又有微利，于国于民有利，何乐不为？

　　"什么叫'平准务'，例如称秤，保持平准，既不可秤杆朝天，也不可秤砣落地。我提议州县成立'平准务'，负责将上市的产品以统一公平的价格收购起来，运往外地销售，或者统一进行加工。待市场物缺时，以平价出售，从而保护消费者的利益。资金来源可以由常平仓低息借贷，亦可以合伙投资经营，一年一结算，盈利分红。只要自愿，农民都可以合伙经营，打破富豪商贾垄断市场的现象。这对生产者与消费者都有利。

　　"这里有个问题要事先说清楚，假如在座有的人想从中营私舞弊、中饱私囊，我李某绝不姑息，一定依法从严处置。这个《青苗法》、'平准务'是经过圣上批准试行的。有圣旨在此。"他念了原文。接着，他又说："《青苗法》由常平仓的官吏来执行。而'平准务'由谁来负责管理经营呢？"他用征询的目光看看在座的人，见没人应声，他又说，"我认为承担此重任的人选必须具备以下三个条件：一、有为国为民吃苦耐劳的精神；二、有一定的经商经验；三、能够随机应变。我倒有一个比较合适的人选，他叫汪大猷。早年在江山县任县尉，现在义乌县任职，不知他本人是否愿干，也不知郑知县肯不肯借？"义乌知县郑允中立即说："既是州里需要，又是利国利民的事，我同意借调。"李椿年又说："那我就去征求他本人的意见，如行，不久就可开张营业。请各位就我刚才的发言发表意见。"

　　与会者一致认为知州大人想得非常周到，他们一定支持。先从州里办,待有能力时,县里再办。有人提出,事先要向富豪商贾打个招呼,说明缘由,使他们明白事理,减少阻力。又有人提出,各县在金华成立农民公所,为进城交易的农民提供吃、住场所和关养猪、牛、羊的圈栏。

李椿年认为以上意见都很好,吩咐尽快落实。

会后,李椿年与李延年到了义乌,找到汪大猷,说明来意。汪大猷一向尊敬李椿年,见知州大人亲自来请,对自己如此器重,他激动万分,表示乐意担此责任。是日,汪大猷随李椿年到金华。晚上,李椿年就平准务事宜和汪大猷谈到深夜。他从为什么要办平准务,它的宗旨、目的是什么,机构怎么设置等方面谈了自己的看法和意见,计划下设市场、物资供销、农产品加工课,主要任务是:

(一)州内从常平仓借出若干银两,收购市场上滞销的农产品。做到随行就市,按质论价,公平交易,买卖自由。待市场需要时,再行售出。同时,政府也可以将滞销农产品批发给小商贩零售,使它起到抑制商贾垄断市场、欺行霸市、囤积居奇、以假充真、稳定物价的作用,维护生产者与消费者的利益。

(二)组织人员到物资出产地去购买、调运婺州紧缺的物品,如铁、木、竹或其制品,桐油、漆等,确保市场供应,又将婺州生产的产品运往外地销售。

(三)聘请本地或外来能工巧匠成立专业作坊。在产品上市时,收购本地生产的农产品加工成商品,既可使之增值,又可免积压、变质、损坏,调动农民生产积极性。

汪大猷没有辜负李椿年的期望,他自己起早贪黑,东奔西跑,积极筹集,又找来几位帮手。不久,平准务三课分别在金华县城"开张营业"。

平准务开张前,李椿年以州署名义发布公告,将"平准务"的服务宗旨、经营项目、目的意义等等解说清楚,让人们知道。公告张贴后,识字的人在看,不识字的人听人念。当他们明白了"平准务"的服务宗旨和经营项目以后,一个个频频点头,声声道好,都说新任知州李大人真是一位好官,想方设法为民众办事,扶助农民发展生产,免受富商重利盘剥,摆脱贫困。有了平准务,解决了平民百姓生产与生活中的困难,再也不愁有货卖不出、需要的东西买不到了。

当时金华是婺州七县的政治、经济、文化中心,街道宽阔,地面平整,店铺连接,秩序井然。"平准务"就设在十字街口。开张那天,张灯结彩、锣鼓喧天、爆竹震地,供销门市部更是人山人海,热闹非凡。店内货物,琳琅满目,应有尽有。人们进进出出,面带笑容。有的在看生产工具,有的在看生活用品。他们议论供销课的物资品种齐全,花样很多,价格便宜。

秋收过后,各县根据本地出产,将销售有余的农产品,办起加工作坊。金华人养猪多、鲜肉滞销,便办作坊腌制火腿,名曰"金华火腿",源源不断地销往外地。义乌出产大枣,鲜果上市量大,一时销售不了,便由供销课按质论价,统一收购,除批发给小商贩运往外地销售外,多余部分交作坊制成黑枣、蜜枣远销外地。

农民进城出售农副产品或购买生产、生活用品,往往当日不能返家。以前,他们只得上饭馆,住旅社、客栈,不仅价贵,而且受人歧视,口袋中的一点钱担心被偷。现在可以住在县办的农民公所,费用很低,还有价廉物美的饭菜供应,自带饭菜也可以由公所伙房帮助加热。农民住在一起拉家常、交流生产经验,兑换良种等,倍感亲切,谁也不嫌弃谁。过去卖不出去的活牲畜,一时找不着买主,只好降价出售,如今可住公所,牲畜寄养,方便极了。

婺州七县农民不愁买、不愁卖,不受重利盘剥,日渐摆脱贫穷。一时,种五谷,植桑麻,养畜禽,办作坊,生产发展,经济活跃,市场繁荣,物价稳定。城乡处处欢歌笑语,人人过着有吃有穿、安居乐业的生活。

十八、遭人弹劾　再次罢官

太阳有照不到的角落,圣人也不可能尽善尽美。婺州试行新法后,广大农民、市民和小商贩都得到利益,豪强富户与大商巨贾却不能为所欲为,经济上又蒙受巨大损失。他们一开始以为当官的办事是一阵风,慢慢就没有影踪,谁知这个倔老头李椿年,软硬不吃,愈演愈烈,便再也不能容忍了。原金华县令朱中直的胞弟朱中正仍在金华经商,他不甘心自己财路被断,经济受损。于是,他伙同霸市的不法之徒串通几家富户、几个商贾,经过一番密谋策划,联名上京状告李椿年。右正言凌哲于第二日早朝,在宋高宗驾前参上一本,弹劾李椿年"所至刻削,阴取系省钱,名曰平准务。尽扰一郡之货,侵夺百姓之利,复以官钱贷于民,日收其利,谓之放课,及结合纳苗米,置圈猪、羊"等十数事,但没有谈到李椿年个人从中谋取任何私利。

宋高宗赵构没有派官员去核实,没有听听李椿年的辩解,也忘记了自己对此事曾有过批示,便不问青红皂白,不辨是非曲直,于绍兴二十六年(公元 1156 年)正月乙丑日下诏,罢了左中大夫知婺州李椿年的官。

李椿年接到免职诏书,心清似泉,心平似湖,澄流清明,不动声色。他早有思想准备,所幸老年遂志,不负师恩,死而无憾矣!孔夫子尚且"可以仕则仕,不可以仕则去之"。何况自己呢?老了,不中用了,对他来说为不为官无所谓了,应该回到自己的出生地去干应该干的事,愉悦回乡。李椿年很快办完了移交,向汪大猷辞行。汪大猷饱含热泪说:"下官也准备辞职回乡,请大人保重!"像往年离任时一样,李椿年兄弟俩骑着心爱的马,于次日拂晓之前悄悄地离开了金华。

金华还是有人知道了李大人的归期与去向,便告知了自己朋友,朋友又转告朋友,一时传开,城乡都有人知道李大人离开金华的日期。

就在李椿年离开金华的那天早晨,天上挂着残月,地下一层白霜,城西门外黑压压一群人,他们忍受着飒飒西风,冰冷浓霜,在那里悄悄议论,低声叹惜。他们是从城乡四面八方赶来,等着为李大人送行的,想再看一眼李大人的风姿,说句请大人保重、好走的话语,拱个手,作个揖,略表心意。当李椿年兄弟出了城门,人们蜂拥上前。相对无言,李椿年拱手作揖,人们只好让出一条通道,一个个饱含泪水说声"大人好走",李椿年回过头来挥挥手,连道:"乡亲们请回吧。"

晚上,李椿年对李延年说:"在外几十年,劳碌奔波,也该休息了!我于国于民,无愧无悔,圆满地为仕途画上了句号,只是对不住自己的家人,尤其对不住母亲大人。"李延年说:"哥,你无须自责,母亲吩咐的话,你照样做到了,母亲去世后,你陪伴了她三年,出山时,人都变了样,不仅嫂嫂心疼,我也心疼,你对得住她老人家。"李椿年又说,"二是对不住你大嫂,她为我生儿养儿,操持家务,夜守空房,提心吊胆,只得到一个虚名。"李延年说:"别人当官,妻妾成群还有外遇,有的人吃着碗里,望着甑里,想着锅里,你不近女色,没有纳妾,也没有外遇,清似山泉水,贤如柳下惠(春秋时人,传说他坐怀不乱)。你没有嫌弃嫂嫂是农家女,不嫌她目不识丁,不嫌她老成黄脸婆,何愧之有?"李椿年再说:"三是对不住老弟你,几十年来随我东奔西跑,担惊受怕,既无官,又无钱,什么也没得到,双手空空来,两手空空回。"李延年说:"你不也同我一样吗? 又得到什么呢?"李椿年说:"我得了知识与学问,实现了平生理想。"

从金华到浮梁,有两条路可走:一条向西南,经龙游、衢州、开化、婺源县进浮梁县境;另一条向西北,经淳安、休宁县,翻过一座大山,就可到达家乡。

李椿年心想,这次离任,今生今世不可能再出任了,因为自己年近花甲,来日无多。到家以后,老伴和儿孙们也不可能让我再外出几百里之外去重游故地、寻朋访友。不如趁此机会,多花几天时间,多走二百多里路,去宁国县看看老友吴柔胜,顺便谈谈《易经》。

弟随兄意,策马向西北而行,两人在歙县客栈住了一宿,第二日下午到达宁国县的仙霞。

吴柔胜老汉看到李椿年兄弟俩牵着马,风尘仆仆地向自己家走来,便迎上前拱手鞠躬问:"李大人,别来无恙?"李椿年答:"好好,老吴你也好吗?"说完,他将手中缰绳交给了李延年。三人一边说,一边走入屋内,在堂中桌边坐下,吴柔胜的老伴端上来两杯清茶给李椿年兄弟。

吴柔胜问:"李大人,你在婺州公务缠身,怎么还有空闲光临寒舍?"

李椿年笑着说:"离任了!现在是平民百姓,回家去养老,特意绕道来看看你这位老朋友。"

吴柔胜又问:"一任未满,怎么就离任了呢?遇到麻烦了吧?"

李椿年便把在婺州发生的一切,原原本本地说了一遍。

吴柔胜叹了一口气说:"当官难,当个清官更难,当一位为百姓办事的官难上加难。大人您一贯不吹、不拍、不捧、不抬、不送、不拉,又专与权势、富户、大商贾作对,能有这样归宿,算是幸运了,当然也是你大人清正廉明、大公无私的结果。不然,身败名裂,死无葬身之地!现在好了,走出了官场,脱离了苦海,离京远远的,回家去做个自由人,颐养天年,享天伦之乐,可以过快乐逍遥的日子了。"

李椿年说:"为官之道,李某也略知一二,秉性决定了我不愿去做,富贵非我愿。可是,每当看到平民百姓受苦,我就会不顾一切地去为他们说话办事,尽自己微薄之力去减少他们的痛苦,至今我对过去所作所为仍然无怨、无悔、无愧、无憾。"

　　吴柔胜说："大人你是这样说，也是这样做的。过去在宁国、在朝廷，你多次陈说民间利害，论废鬻度牒，推行经界，提举浙东和在婺州试行新法都是为此。可是你忽视了一个主要问题，你保护了普通老百姓的利益，却损害了官户、权势户、豪强富户、大商贾的利益，所以他们仇视你、诬陷你、攻击你，欲置你于死地而后快。你能有如此归宿，真是幸运啊！"

　　李椿年讲："人生如梦，转眼又是百年。往事不提了吧，要面对未来，怎么度过晚年。今日我来，是想听听你关于《易经》的说法。前些年，我曾经阅读过它，但不知其中奥妙，有些弄不懂，特来求教。"

　　吴柔胜说："《易经》的确奥妙无穷，包罗万象。可以说它是艺术，又可以说它是科学、哲学，这里有些学习笔记，或许对你有所帮助。"说完，他拿出一本书给李椿年。李椿年连声道谢，吩咐李延年收藏好。

十九、钻研易经　创办义学

李椿年兄弟在吴家休息一天,于四日后回到家中。

他的夫人郑氏和他的三个胞弟、两个儿子以及家乡父老,对他布衣回乡没有丝毫不满,都说他忠孝两全,清正廉洁,为国立了功,为家争了光。大家高兴地欢迎他回来,就像当年他进士及第那样敲锣打鼓、张灯结彩,在宗族内摆酒设宴为他接风洗尘。席间,家人与族人分别按顺序向李椿年、李延年敬酒,祝贺他功德圆满,平安归来,福寿延绵。

李椿年今日高兴,回到家中,一身轻松,多喝了几杯,有了几分醉意。小弟李亿年又来敬义兄李延年的酒,并说:"延年兄,你代众兄弟服侍、保卫大哥,几十年如一日,劳苦功高,今日功德圆满,小弟敬你一杯。"说完干了一杯,李延年也一口饮干,并对李椿年说:"大哥,今日大家高兴,你也多饮了几杯,若不胜酒力,我来代饮。"他说得那样轻松、豪爽、洒脱。往日他不过瘾,今日要开怀畅饮了! 他的媳妇冯氏瞪了他一眼:"就你能喝,岁月不饶人,你也少喝点!"后生们兴高采烈,猜拳行令,一时划拳声、笑语声响彻一堂,一直闹到深夜。

李椿年回到自己的卧室,室内只有他们夫妇二人。他坐在离床不远的一把木椅上,面对着坐在床沿的老伴,端详着老伴与年龄不相称的衰老的面容,不禁一阵心酸。他走上前去,柔情地抚摸着老伴花白的鬓角,两眼含着晶莹的泪水,觉得自己没有尽到做丈夫的责任,很对不起妻子。四十多年的漫长岁月,自己给了妻子什么呢?一顶华丽的凤冠霞帔和虚有其表的名声,更多的是痛苦,是承担,是孤独,是凄凉,是寂寞,是忧虑,是辛劳,是揪人肺腑的思念。几十年来,妻子失去了一个女人应该获得的一切——关怀、体贴、爱抚、温存、尊荣与享受。这一切,他并非不具备,而且自信比常人具有更丰富的感情。然而,为了自己执着的追求与实现伟大的理想,这一切全被自己抛弃与淹没了,他泪汪汪的双眼,愣怔地望着老伴,望得老伴不好意思,满是皱纹的脸,泛起一丝年轻时的红霞。他突然一把将老妻搂于自己怀中,像年轻时那样拥抱得紧紧的,忍不住老泪横流。这是忏悔的热泪,他想用这些热泪冲洗掉老伴心灵上蒙受的尘垢,赎自己这一生的过失。他温存地说:"老婆子,再也不离开你了! 我要终日陪伴你到生命的尽头!"

郑氏亦含着热泪,仰起头看看李椿年,无言地点点头。丈夫的体贴,使她感到了满足和幸福。

有人说,年轻人的爱,大多数爱在口头上,上了年纪的人的爱,则爱在心坎里。李椿年和郑氏爱得纯,爱得深沉,爱得执着,它像一坛陈年佳酿,更醇,更美,更香,更让人陶醉。

李椿年在家中,有弟弟们的恭敬、子孙们的孝顺,家和事顺,吃穿不愁,又有老伴无微不至的关怀与精心照料。他食有肉,饮有茶,进食按时,作息有规律,身子日渐壮实起来。他面色红润,鹤发童颜,似乎年轻了许多,自我觉得自由自在,快乐逍遥,便自号"逍遥公"。

李椿年闲来无事,一心钻研易学。参照吴柔胜的心得体会,做了一些笔记,便于记忆,以三字为一句:

伏羲始,神农补,	有三易,连归周。
文王囚,演周易,	周公旦,作爻辞。
孔夫子,作十翼,	系象象,上下篇。
作文言,说序杂,	百家说,源于易。
大精深,包万象,	不学易,勿为相。
易者变,日有纠,	学周易,需平静。
三原则,变简定,	三法则,象理数。
玩索得,静精微,	挂八卦,八符号。
乾三连,坤六断,	离中虚,坎中满,
震仰盂,艮覆碗,	兑上缺,巽下断。
乾代天,坤代地,	离代火,坎代水,
震代雷,巽代风,	艮代山,兑代泽。
问祸福,乾坤卦,	各有二,故六爻。

字由下,卦往上,　　万事物,只六变。

乾坤卦,易之门,　　入了门,掌功能。

天雨露,地生物,　　只奉献,不索取。

学天地,高厚大,　　于国民,行仁爱。

天地人,是三才,　　三合一,力无穷。

乾道男,坤道女,　　乾开始,坤成物。

乾易知,坤简能,　　易易知,简易从。

易以亲,易以功,　　亲可久,功可大。

久贤德,大贤业,　　易得理,成乎位。

卦相荡,讲时位,　　爻言变,象言断。

居观象,玩其辞,　　动观变,玩其占。

神无方,易无体,　　夕惕若,历无咎。

顺自然,便是道,　　曲则全,直无效。

柔克刚,刚易毙,　　人处世,刚柔济。

盈易溢,满易亏,　　峣易折,皎易污。

盛名下,实难副,　　谦则益,满招损。

卑自励,尊宜谨,　　缓则成,急则毁。

他人怒,你镇静,　　过些时,事则成。

进知退,存知亡,　　得知失,胜知败。

福中祸,祸中知,　　亢有悔,君子也。

中庸道,忠恕矣,　　受钱财,取之道。

121

好女色,纳以礼,	坤载物,德无疆。
弘光大,品物亨,	先失道,后得常。
南得朋,与类行,	东丧朋,终有庆。
履坚冰,阴始凝,	驯致道,至坚冰。
幼而学,壮而行,	学致用,学思行。
学海深,苦作舟,	学无止,学到老。
要勤劳,勿懒惰,	勤则兴,懒则毁。
勤有功,戏无益,	勤身健,懒身损。
老回乡,嘴巴闲,	言语多,讨人嫌。
柔克刚,静得方,	后得主,尽有常。
含万物,而化光,	顺其道,行承天。
正其方,方其义,	敬直内,义方外。
敬义立,德而孤,	直方大,无不利。
阴美之,从王事,	弗敢成,地道也。
天地变,草木繁,	天地闭,贤人隐。
最大道,天下公,	最理想,世界同。

……………

　　李椿年"洁静精微"地钻研易学,始终不得要领。常言道"日有所思,夜有所梦",一日,李椿年坐在堂中,见一位青年学者来访,自称姓王名弼。他说:"李侍郎洁静精微,钻研易学,特来与君议论。"李椿年以礼待客,请其赐教。王弼说:"宇宙间的万事万物,都有它的规律与道理,不必寻章摘句,冥思苦想,知道理,必须其象,反之,任何一个象,也一定有它的道理;每个象,又有它的数。象、理、数三者为一体,切记不可割裂,八卦中的每一卦、每一爻,都含有象、理、数。"

王弼接着说:"无为,系万事万物的本体,本体的作用是无为,因为万事万物以无为体,以无为用。"

王弼又说:"一为物之极,一是万有的本体,万有是从一派生的,只有一,才能编织出多种现象,本体与现象,有和无,动和静,一和多,体和用,言和意,自然与名教关系,'体用一原'。请侍郎自行参悟,好自为之。"说完,王弼拂袖而去。

李椿年一觉醒来,原是南柯一梦。自此,他有了许多心得,以逍遥公之名记录下来,提笔编写学易的体会,著有《易说》与《释疑》二卷。

李椿年逝世后十六年,由其孙李特请胡铨作序,将《易说》《释疑》付印。

笔者花了十多年业余时间,查遍江南许多县、市图书馆,均未找到李椿年撰写的上述两卷;查易学著作书目,也未见这两卷的书名。

李椿年又觉得年轻外出,没有为家乡人办实事,现在回来了,应好好弥补。他权衡利弊,深思熟虑,觉得文化最重要。于是,他拿出生平省吃俭用攒下来的积蓄,先后办起了两所学校:一是在东埠的西面办起一座学校,以东河原名鄱源河,而命名为"鄱源教院",吸收本河流域子弟或本县子弟入学,学费很低;另一所在李氏家族分支的辛田(今鹅湖镇桥溪村),命名为"新田书院"。新田书院地址在义学坞,建有大成孔子殿堂、学生食堂与宿舍,李椿年聘请同学、族弟李德俊为院长,吸收本族子弟上学,免学费,并亲自为学生义务上课,造就了一批人才。南宋孝宗后至南宋末年,浮梁县共有九十五名进士,咸淳元年(公元 1265 年)与咸淳十年(公元 1274 年)各有同榜进士十一名。在这一时期,仅李家一族就有二十四人中了进士,这与李椿年的重教功德是分不开的。

二十、永垂不朽　精神长存

　　绍兴二十四年(公元1154年)，被流放去了海南岛的胡铨获赦归来，宋高宗亲自召见了他，问他认识李椿年否？胡答："认识，关系一般。"宋高宗说："认识就行。人老了，喜念旧，常常想起一些老人，觉得李椿年受了委屈，特别想念他。别后多年，也不知他的现状如何，只知他是饶州浮梁县人，特派你去饶州任知州。到饶州后，主要是代朕去看看李椿年，慰问一下他。朕封他为普宁郡开国侯。他若健在，请他重新出山，辅佐朕，令他掌管吏、兵两部。再就是封荫他的弟弟和儿子为七品以下的文散官，由你做主。"

　　同年七月，胡铨任饶州知州。他到任后，顶着酷暑，在浮梁问到李椿年家乡，亲自上门拜访。这时，李椿年率子孙一房，已从山里界田迁到山外临近鄱源河与驿道旁的量田，后改名良溪的地方定居，与弟弟们分了家。李椿年在家迎接了胡铨，他俩关系本来就好，胡铨谨慎，在宋高宗面前只说关系一般。今日老友相见，格外亲切，两人坐在一起推心置腹地交谈。胡铨说："小弟今日来访，是奉圣上之命特意来慰问。我从海南岛回来，圣上召见了我，对我说，现在年纪大了,喜欢念旧,常常想起一些老人,尤其想念你李大哥,说你忠心耿耿,为国为民却受到一些委屈,亏待了你,现加封你为普宁郡开国侯。圣上说,分别多年,失去联系,不知你的近况,只知你是饶州浮梁县人,特派我来饶州任知州,主要是要我代他来慰问你。圣上再三嘱我请你出山辅佐圣上治天下,分管吏、兵两部。再就是封荫你的弟弟与你的儿子。圣上说七品以下的文散官由我做主确定。"李椿年很感动,觉得圣上年老仍念念不忘老臣。至于是否出山,他笑了笑说:"立秋至,梧桐叶落,鸟知荫,急飞归巢。人老了,不中用了。现在的事,得靠年轻人来做。得放手时需放手,烦恼只因强出头。请知州大人将我这些话转告圣上,谢主隆恩。"李椿年又同胡铨谈起回乡后自由自在,闲来无事钻研《易经》的生活。《易经》很深奥,没有名师指点难以深入,幸一日做梦得王弼指点,才有了一些心得体会,现撰写了《释疑》《易说》二卷手稿。胡铨阅后认为很好,答应为他出版写序言。胡铨问李椿年的弟弟与儿子的现状,由李椿年提名,胡铨分别确定李延年为"将仕郎"(九品),胞弟李亿年曾中秀才,为奉议大夫(七品下),李椿年的长子李易为"从仕郎"(八品下),次子李柬为"承务郎"(八品下)。后来李椿年的长孙李杨因祖贵,也被封为"从仕郎",任湖南醴陵县(今醴陵市)县丞。

　　胡铨于同年九月卸任返京复命,将李椿年所言转告宋高宗,宋高宗听后觉得李椿年讲得有道理,于九月底让位给宋孝宗,自己当了太上皇。胡铨也告老还乡颐养天年。

南宋孝宗隆兴二年（公元1164年），李椿年在家病逝，享年六十八岁。

李椿年临终前，吩咐弟弟与儿子，丧事从简，与农家老人坟墓一样，在坟头栽一株弯曲不成材的樟树。李椿年葬在东埠村与南泊村之间的东南边山坡上。21世纪初，浮梁不知从何处刮来一股盗挖古墓之风，乡村中许多古墓被盗。据了解，李椿年的墓没有遭殃，究其原因：一是他的坟墓与乡村中普通人的坟墓没有区别；二是没有殉葬物；三是盗其墓必先把那株古老樟树连根挖起，要挖樟树得花十天半个月的时间，而且触犯盗伐古树的法令。

李椿年逝世了，而他的精神与事业长存。

李椿年的忘年交朱熹（李比朱大三十六岁）于绍兴十八年（公元1148年）中了进士，淳熙十六年（公元1189年）授福建漳州知州。马端临《文献通考》卷五记载了朱熹向孝宗奏言行经界的文字："知漳州朱熹奏言：'经界最为民间莫大之利。绍兴已推行处，图籍尚存，田税可考，贫富得实，诉讼不繁，公私两便。独漳、泉、汀三州未行。细民业去税存，不胜其苦，而州、县坐失常赋，日朒月削，安可底止！臣不敢先一身之劳佚，而后一州之利病，切独任其必可行也。然行之详则足为一定之法，行之略则滋他日之弊，故必推择官吏，委任责成，打量亩步，算计精确，攒造图账，费从官给，随产均税，特许过乡通户均纽，庶几百里之内，轻重齐同。本州有产田，有官田，有职田，有学田，有常租课田，名色不一，税租轻重各不相同。

比来吏缘为奸,实佃者或申逃阁,无田者反遭寄。今欲每田一亩随九等高下定计产钱几文,而总合一州诸邑税租钱米之数,以产钱为母,每一文纳米几何,只就一仓一库受纳。既输之后,照原额分隶为省计,为职田,为学粮,为常平,各拨入诸邑仓库,除二税簿外,每三年乡造一簿,县造都簿,通载田亩产钱实数,送州抵押,付县收管,民有交易,对行批鉴,则版图一定,而民业有经矣。又有废寺田为人侵占,许本州召人承买,不惟田业有归,亦免税赋失陷。又合韩愈氏人其人,庐其居之遗意。但此法之行,贫民下户皆所深喜,然不能自达其情;豪家猾吏实所不乐,皆善为辞说,以惑群听;贤士大夫之喜安静、厌纷扰者,又或不深察而望风沮怯,此则不能无虞。今已仲秋,向去农隙只有两月,乞即诏监司州郡施行。'又贻书宰辅云:'经界事讲究巨细本末,不敢不尽,规画措置,十已八九。盖以本州田税不均,州县既失经常之入,至取所不应取之财,以足岁计,如县科罚、州卖盐之类是也,上下莫能相正,穷民受害,有不忍闻,若不经界,实无措手。'先是漳、泉二州被命相度,而泉州操两可之说,朝廷疑焉。著作郎黄艾轮对,又言之,且云:'今日以天下之大,公卿百官之众,商量一经界,累年而不成,大于此者,若之何?'"宋孝宗同意了朱熹之奏言,在漳州先行经界。第二年,宋光宗继位,专委漕臣陈公亮同心协力奉行,继而经界陆续推行。

南宋宁宗嘉定十七年(公元 1224 年),婺州完成经界,及种种图账,包括鱼鳞图册。

南宋理宗绍定五年（公元 1232 年），嘉兴府华亭修复经界。不履亩、不立限、不任吏，每都甲首乡官择之，每图清册，甲首笔之，田的顷亩昭然可观。

理宗端平二年（公元 1235 年），平江府重修版籍。

淳祐十一年（公元 1251 年），理宗命江东饶州和信州（今江西上饶）并两浙的常州及嘉兴府行经界。

理宗景定五年（公元 1264 年），诏行经界推行法，先自平江、绍兴及湖南路，后向全国各路推行。

不过，这时的经界已起了质的变化，奸相贾似道以经界之名，行敛民财之实。

当时，有人作诗曰："三分天下二分亡，犹把山川寸寸量。纵使一丘添一亩，也应不似旧封疆"。还有个人，以醴陵士人之名作了一首《一剪梅》词："宰相巍巍坐庙堂，说着经量，便要经量。那个臣僚上一章，头说经量，尾说经量。轻狂太守在吾邦，闻说经量，星夜经量。山东河北久抛荒，好去经量，胡不经量？"

世间事很怪，有心栽花花不发，无心插柳柳成荫。奸相秦桧暗增浮梁县税赋六成，却致使李椿年的《经界法》传到了明朝，得以继续推行。

明朝太祖朱元璋曾以江南东路为其根据地，尤其是浮梁人支持他与陈友谅在鄱阳湖大战。朱元璋读书不多，却重视文人，一心想找个像刘邦的张良、萧何和刘备的诸葛亮式的人做其军师。他打听到浮梁县文人吴迁很有才华,是当时的社会名士。吴迁为避开元朝乱世,从县城迁到深山横塘坞马鞍岭下隐居,自号"可堂",意为警告自己,可要堂堂正正做人,人称他"可堂先生"。他著书立说,教几个学生,朱元璋曾亲自上门请吴迁出山辅佐他打天下,被吴迁婉言谢绝。不过,他给朱元璋献上了一计。吴迁对朱元璋说:"世间事有长必有短,有优势,必有劣势,请大帅(当时朱称帅)扬长避短,发挥优势。陈友谅一伙多是船夫与渔民,水上驾船是他们的长处,水上是他们的优势,水上却是你们的劣势,你以短比长,以劣比优,虽是仁义之师,却不易取胜,只能耽搁时日,花费钱粮。不能平服陈友谅,何以平定天下!以我之见,可引他们上陆地来打,定能取胜。"朱元璋说:"怕他们不上岸。"吴迁说你亲自引诱,何怕他不上钩?朱元璋沉默不语,吴迁分析朱元璋心里畏敌,便说:"我的学生余福,智勇双全,早想随元帅去建功立业。有他保你,无碍。"吴迁唤出余福,朱元璋见余福身材魁梧,器宇轩昂,大喜,便带余福回营,依照吴迁的计谋,亲自引诱。敌将追赶上来时,朱元璋围绕一株三人合抱的柏树跑,敌将用力过猛,枪刺在柏树上,一时拔不出来,朱元璋乘机逃脱。余福为护卫,见敌将勇猛,便不顾一切,挺枪迎敌,结果献出了自己年轻的生命。笔者1957年到鄱阳县城,在县一中的院内见到了那株柏树,树干上有个枪戳的窟窿,周边已经朽烂,仍然活着。据当地人告知,正是这株柏树曾为明太祖朱元璋挡了一枪。朱元璋平定了陈友谅班师回南京,路过浮梁,再次请吴迁辅佐他治理天下,吴迁依然不为所动。朱元璋当了皇帝后,仍念念不忘吴迁,于洪武二年(公元1369年)特派使者来浮梁办了三件事:一是请吴迁出任太子太傅,教他的儿子读书,吴迁又一次以年老体弱为由谢绝;二是追封余福为"武卫将军",禄位一品,送来了一块竖牌匾;三是浮梁县城内有座西塔,曾庇护过朱元璋,他封此塔为"大圣宝塔",后来又命人用红颜料涂其外表。时至今日,人们称它为"红塔"。追封余福的那块匾,笔者于1974年在余福的出生地江峰(今属峙滩乡)见过,该匾为木制,约七十厘米长,四十厘米宽,蓝底油漆,上书"武卫将军"四个金光闪闪的大字,右边书"余福",左边书"大明洪武二年某月吉日",盖上端方四正篆字玉印。

明洪武三年(公元1370年),浮梁知县夏阅见浮梁的田赋自南宋行《经界法》后,比邻县高出数成,老百姓反映负担太重,他听说吴迁先生是当今皇上的故交,便请他去南京向明太祖申述浮梁田赋重的原因,请求减免浮梁部分田赋。吴迁先生觉得这是为乡亲们办事,不顾年老(当年七十多岁)体弱,带着学生戴畴去南京朝见明太祖。

明太祖热情地接待了吴迁先生。吴迁先生申诉浮梁县的田赋过重的缘由:"南宋绍兴年间,浮梁籍人李椿年,时任户部侍郎,措置《经界法》。这本是一项为国增收、为民减负的举措,因为它清查田亩,平均赋税,对贫下户十分有利,却触犯了豪强、富户的个人利益,他们攻击李椿年。奸相秦桧乘李椿年回乡丁忧之机,篡改了

《经界法》,暗增民税,故意增加浮梁田赋六成,意在挑起浮梁人仇恨李椿年。李椿年复职后,发现《经界法》在推行中出了纰漏,采取措施纠正,正当他向宋高宗汇报时,未等他把话说完,秦桧暗示亲信控告李椿年私结将帅、曲庇家乡,他也因此被免了职。而浮梁税重,一直延续至今。皇上对浮梁县山多田狭、亩产粮食很低的情况非常了解,老朽特来请求皇上正本清源,核减浮梁不该多交的田赋。"明太祖听完吴迁先生的申诉,念及吴迁与浮梁人的忠义,立刻下诏书,减免了浮梁县部分税赋。

然后,吴迁先生又建议:"皇上乃开国之君,英明果断,深知民间疾苦。时下,朝野清平,万民爱戴,而田赋不均,仍是一大弊病。若皇上能参照《经界法》,清查田亩,平均税赋,减轻农民负担,真是天下老百姓之福啊!"

明太祖采纳了吴迁的意见,于洪武四年(公元 1371 年),派太臣周涛率武淳等十四名太学生到南宋行经界试点的苏州一带考察取经,并将此推行全国。他们根据田地丘段,编成图册,因图册似鱼鳞,故名"鱼鳞图册",其实质仍是《经界法》,只不过换了一个通俗的名字。洪武二十年(公元 1387 年),朝廷令全国各地按田亩清查后的实际面积纳税。

这件事在浮梁县古县志中有记载。明代,浮梁县编纂县志,在县志中,为李椿年立了传。

《李椿年传》是这样写的:"李椿年,字仲永,北宋重和元年进士。性俭约,事母孝。南宋初知宁国县,宣谕史刘大中荐其'练习民事,稽考税额,各有条理'。绍兴五年召对,奏:'州县不治,在不得人,若二税稍加措置,不致失陷,用废自足。'寻通判洪州、屡迁浙东提举,时临海县令曰:'谤书已盈箧。'椿年曰:'以身许国,复颈恤耶!'出任武昌军度支郎中,入为左司员外郎,奏经界不正十害,经界正,而仁政行矣!上谓宰掾曰:'椿年之论,颇有条理。'翌日,授显谟阁学士、两浙路转运副史,专委行经界。椿年请先往平江诸县就绪,再往诸州。七月告成,上嘉叹。立法二十四条,除户部侍郎。时法竣,江山县尉汪大猷进言:'凡产少而报多者,许改正。'椿年纳其言,轻刑省费甚众。其母病逝于中都,徒步扶柩归葬,有甘露之祥。服除,仍事以前官,五年法迁于东南,后知宣州、婺州。权吏、兵两部,封普宁郡开国侯,著有《易说》与文集。"

《浮梁县志》还对其创办鄱源教院、新田书院与他的葬地做了记载。

明代,浮梁县重修县城内文庙(孔夫子庙),塑李椿年、程瑀、吴迁三人坐像安放在大成殿的后壁。浮梁这片土地上,历史上曾出过六王、四相、六尚书、十四位大将军。论官位李椿年不算高,却选他为乡贤入文庙,享受县人祭祀,这是对其平生功德的肯定。

《江西通志》《饶州府志》均对李椿年的生平和功绩做了记载。

"人生自古谁无死,留取丹心照汗青",李椿年青史留名,永垂不朽!

　　笔者阅读了《宋史》,《宋史》中没有为李椿年立传,对实行七年之久、涉及半个中国利国利民的《经界法》也没有记载,这令笔者久思不解。后来笔者见到朱熹写的"此法之行,贫下户皆所深喜,然不能自达其情;豪家猾吏,实所不乐,皆善为辞说,以惑群听",才明白封建社会的文化为豪强富户所垄断,故不为李椿年立传,也不记载《经界法》,这是阶级本质决定的。笔者写此文的另一用意是想以此填补历史一段空白,日后如有人补写《宋史》,请为李椿年立传,将长达七年的利国利民的《经界法》写进去,正本清源,还历史本来的面目。

二十一、千秋功业　光耀后人

李椿年逝世十六年后,胡铨为他写的《易说》写了序言:"故人鄱阳(鄱阳是当时饶州的所在地。《容斋随笔》作者洪迈、《文献通考》编撰者马端临都是饶州乐平县人,他俩在出版的著作中,也自称是鄱阳人)逍遥公李仲永,潜心易学,卫道甚严,一日梦弼而有得,遂成一家之书……丙辰夜,观赏逍遥公之书,达圣贤之说,当遂博士缺矣。"

南宋赵彦卫所撰的《云麓漫钞》有开禧二年(公元1206年)自序,记载:"绍兴中,李侍郎椿年行经界,有献其步田之法,此积步之法,见于田形非方正者,有名腰鼓者,中狭之谓也;有名大鼓者,中阔之谓也,有名三广者,三不等之谓也。"

20世纪30年代,国民党政府曾扬言丈量田地。1935年,李又曦撰写的《两宋农村经济状况与土地政策》一文刊载在当时《文化建设》月刊二卷二期中,他曾核对《云麓漫钞》所载:"种种几何形状的田地丘块,如正方形、长方形、圆形、任意四边形、半圆形、锐方形、梯形、不等边三角形、大体长方而中部凹和凸出等十几种几何开头的计算方法,计算结果,与方块田面积相同。他的结论是:北宋郭谘、孙琳、王安石之土地测量,其法实未精,盖仅能积步以测方块的田地也。对于崎岖不平及鸡零狗碎之地形,则无法测量。至南宋李椿年步田法出,土地测量的折算田亩之术始大备。"

中华人民共和国成立后,浮梁县于1950年冬,进行土地改革,曾全面丈量田地,先由田主在田中钉个木片或竹片,写上田主姓名或佃户姓名租赁某某田丘数,亩数插入田中,专业人员采用的就是经界法的丈量、折算田亩的方法,绘草图,将丈量度数计亩登记入册。以行政村为单位,按人口分田。后来将由县长签名、统一印制的土地证发给业主。1952年"土改"复查,查隐田、纠正错划与漏划的地主、富农阶级,1953年查田定产、定税,对耕地评等定级,浮梁全县耕地划了十八等。笔者当年曾参与了这几项工作。

1986年正月,景德镇市农业局干部吴成希同志当时借调去景德镇市地方志办公室工作,那里图书多,他见我正在收集李椿年行《经界法》的资料,特意提供《中国社会科学》1985年第一、二期,其上刊登了美国芝加哥大学历史系讲座教授何炳棣先生撰写的《南宋至今土地数字考释和评价》一文。现摘录于后:"措置经界的中心人物是李椿年。由于他不畏强御,力行均税,既为政府增加了税收,又部分地减轻了自耕农和半自耕农的田赋负担,因此成了大地主和部分官僚的攻击对象。由于王安石新政遭遇保守势力的顽固阻挠而失败,之后长时间士大夫的正统舆论,总是反对经济和赋税制度变革,并且一贯嫉恨所谓言利之臣,所以元代编写的《宋史》竟没有李椿年的传。《宋代传记综合引得》也同样不列李的传记资料。我查遍欧美图书馆,仅在美国芝加哥大学藏书中找到康熙二十一年版的《浮梁县志》中有《李椿年传》。李心传撰《建炎以来系年要录》有年份上的补充。《系年要录》首次记载李椿年的事迹,所以记事末,对他另有简介:李椿年,浮梁人,曾知宁国县,刘大中所荐也。寻以洪州通判。四月,辛亥,刘大中此时为权监察御史,宣谕江东、西路。马端临,熟悉南宋史事,在《文献通考》中,有启发性的简述:椿年尝知宁国县。宣谕刘大中荐其练习民事,稽考税额,各有条理。秋九月召对,椿年奏:'州县不治,在不得人。若于赋税稍有措置,不致大陷,用度自足。'寻通判洪州,屡迁浙东提举。八年春三月,三省奏:台州有匿名信,称椿年刻薄等事,欲率众作过。上曰:兵火作过,当用兵剿杀。后卒无事,至是乃建此议。"

从以上资料看来,自徽宗重和元年中进士,到绍兴初年崭露头角,李椿年已是一个干练、具有经济赋税知识的中年官吏。在任地方官时,他每每受匿名信的威胁。宋高宗对他的专材、操守、干练、毅力相当了解,对他的期望可以从高宗对李椿年的任命书中反映出来。

李椿年一生仿效桑弘羊、王安石，而且曾以力行经界，深遭保守势力的嫉恨，晚年成了官宦的众矢之的，本不足怪。所可怪者，凌哲所弹劾他的都是为了增加政府收入的经济专利措施，并无一字涉及李椿年贪污自肥。后来，朱熹于 1190 年在漳州主张力行经界时，一再称赞李椿年行经界裨民生，从未批评李的人格和操守。

胡铨以勇于弹劾秦桧闻名于世，他具肝胆正义。他对李椿年有很高评价，见于其为李椿年《易说》所撰的序中（前已有载，不再赘述），在李椿年逝世十六年后，胡铨说李椿年"卫道甚严"，足以反映李椿年做人遵守相当严格的公私道德标准，不是趋炎附势的机会主义者。

李椿年一身正气，满腹经纶。笔者认为他是中国古代税赋制度的改革家、中国土地管理制度的创始人、敢说敢干的谏臣、爱国为民的清官。

一、中国古代税赋制度的改革家。从西周井田制开始，我国才有赋税制度的文字记载。《孟子》中对井田制有过描述："方里而井，井九百亩，其中为公田，八家皆私百亩，同养公田。公事毕，而后敢治私事。"公田收益归国有，八家以共同种公田的方式纳税赋，即八分之一税赋制度。战国初期，秦国用商鞅变法，废井田，开阡陌，推行地主阶级土地所有制，地主建立庄园，使家奴或用人种田，或将田地出租，收取租金，向国家缴纳一定数量的钱粮；北魏孝文帝开始推行"均田制",国家将田地分给农民种,计田年产量三分之一向国家交纳税租;隋代到唐初都沿袭"均田制"。唐初,实行租、佣、调的税赋制度。租,指田租,数量与隋相同;佣,指男丁每人每年义务出工十天;调,每户向国家交丝四两、麻五斤。随着人口增长,国家无田可均,均田制自行消失。百姓为了生活,自行垦荒成田,那就是私田。历经多年,私田比过去均的田还要多,国家税赋减少了,唐德宗采纳宰相杨炎的建议,凡天下田,包括均田与私田,每亩每年向国家交税粮三十三斤,佣、调依旧。宋承唐制,后来因为战争频繁,国家开支大,又加了许多费。百姓负担太重,且不合理负担,王安石变法,其中有《方田均税法》等十几种法,由于自上而下摊派,官吏舞弊,税制很乱、很重。以浮梁县为例,平均每亩田每年纳粮三十一斤三两,每户纳钱一千二百三十文。南宋李椿年行《经界法》,提出"民有定产,产有定税,税有定籍"的制度,革除了官吏任意摊派税额,豪强、富户瞒产漏税的陈弊,使负担公平。这一税制,经南宋、元、明、清、民国到中华人民共和国成立后改革开放时为止,经历了近一千年。

二、中国土地管理制度的创始人。中华民族有数千年的文明史。土地制度先后有原始社会土地公有制、西周的"井田制"、春秋战国时期地主阶级土地私有制、西汉末年王莽短暂的"王田制"、北魏孝文帝至唐初的"均田制"、唐德宗以后的土地私有制等。这些土地制度中,内含土地管理的,例如春秋时期的鲁国,就曾登记田地亩数;北宋郭谘、孙琳曾在河北肥乡县行千步均田法,王安石的《方田均税法》等,也算是土地管理内容之一。土地形成制度管理,应从李椿年行《经界法》开始。他的土地管理制度,为土地管理立了法,有土地管理机构,且分层次管理,有专业队伍。丈量田地,计算亩角,置造砧基簿,即管理的内容与方法。丈量田地、计算亩角,是从浮梁县界田村开始的,史无前例。计亩数恰好与至今世界通用的666.6平方米为一亩基本一致,些许误差是宋尺比市尺小的缘故,与李椿年无关。西方人或许是从李椿年计算的一亩面积中求出666.6平方米的。今日的地籍管理,源于他的融地籍、税籍、役籍为一体的"砧基簿"。其中有业主向政府申报,有初始登记、统计、变更登记等。这一系统的土地管理制度,要比西方早一百至四百年。

三、敢说敢干的谏臣。当时,别人不敢说的话,他敢说。例如,"州、县不治,在不得人";废除政府靠出卖做和尚的凭证敛民财的措施;对州县官员,由吏部定期考试,考试不中,允许下一年再考,再不中,不得任用,就是贵族、国戚、公卿子弟也不例外;精兵简政,减兵去垦荒屯田,发展农业生产等。别人不敢干的事他敢干,具体表现在:推行《经界法》,令豪强富户掏出钱来弥补国用,救济贫民;提举浙东,收缴州县余钱、余粮归国有,推行盐业改制;为抑制豪强富户和豪商大贾盘剥农民,试行"平准务";将官钱贷给农民,支持他们发展生产,不受重利之苦;为打破豪商大贾垄断市场与囤积居奇,办供销社、办农民公所等。他所干的事,多是史无前例的稀罕事,所以说,他是一位铁骨铮铮的谏臣。

四、爱国为民的清官。爱国为民是他的宗旨,不必细说,仅说一事,南宋初立,像一叶扁舟在风雨中飘摇,随时有沉没的危险,是李纲、赵鼎、韩世忠、岳飞等文臣武将从政治、军事上巩固了南宋政权。南宋初立,百事待兴,财政拮据,朝廷人不敷出,官员的俸禄都发不出来,是李椿年去浙东筹钱解了燃眉之急,是他进行盐业改制,行经界,夯实了南宋的经济基础。许倬云同志撰写的《王朝的盛衰周期》一文(刊载于《读者》杂志 2013 年第 1 期)中说:"南宋时代疆域只有北宋的一半,但国家财力并未减少,反而比北宋时候更好一些。"笔者认为,这与李椿年有关。李椿年为了国家富强,奉行与措置了三条措施:奉命去浙东七州去收缴府、县衙门的余粮数千万斤、白银数千万两。他又从产盐地了解到盐业有利可图,建议盐业改制,实行国家统购统销,每年为国家增收几千万两白银。更主要是推行《经界法》,使土地税源源不断流入国库,一年何止亿两白银收益。这些做法减轻了贫下户的赋税负担,及时缓和了阶级矛盾。

理财专家李椿年为政也很有一套。他曾三度任州、县之官,人民不愁吃穿,"盗贼无踪"。他治理国家提倡为政以德,不可用重刑峻法,要刚柔相济,恩威并施,他主要教育人民正心修身,忠君爱国,舍己为人。

李椿年不但是一位为国为民的好官,还是一位两袖清风的清官。

李椿年生活节俭、一生很少食荤腥,坚持吃豆腐与蔬菜。他为官不坐轿,而是靠步行走村串户、访贫问苦,来来往往,行程数千里,后来才改为骑马。他觉得坐轿缓慢,浪费时间,加之用轿夫开支大,他的身边始终只有弟弟李延年一人跟随。从古至今,"贪赃枉法"往往成为政敌间相互攻击的凭证,然而李椿年即便被奸臣弹劾,也未提及他有贪污的行为,足以见其清廉。李椿年一生没有置办田地,没有建府邸,没有纳妾,母亲病逝在京城,他徒步扶柩归葬,步行四百多里。他逝世后,葬礼从简,其坟墓竟与当地百姓的墓无二。如此种种,在中国历史上也属罕见。

李椿年行经界与王安石变法一样,都是对封建社会的地主阶级的宣战,但由于他方法柔和,事必躬亲,谦虚谨慎,戒骄戒躁,坚持说服教育,晓之以理,动之以情,令人心服口服,《经界法》也后继有人,才能影响后世。

李椿年风格高尚,对笔者影响至深。笔者除牢记党的教导,尽一个共产党员应尽的义务,还以他为榜样,学习他爱国为民的伟大精神;学习他艰苦朴素的生活作风;学习他严谨认真的工作态度;学习他舍己为人的高尚品德,竭力为社会,为后人多做贡献。

　　李椿年的精神鼓励着我管理了景德镇市暨浮梁县的土地。二十多年来,我先后调处土地权属纠纷近千起,件件稳妥;靠自行组织培训的技术队伍,圆满地完成了景德镇市的"土壤普查""土地利用现状调查"以及城镇国有土地的"建设用地"申报、调查、登记、建立地籍等工作,所在单位和个人先后多次荣获"国家土地管理先进单位与先进工作者"的称号。

编　后　的　话

　　1984 年以前,笔者对李椿年与《经界法》完全不了解。1984 年,笔者任景德镇市土地利用管理办公室主任。同年 7 月,国家土地管理局委托黑龙江省土地管理局举办全国土地管理干部学习班,当时分给江西省两个名额,省局决定省局机关去一人,地市级指定笔者去哈尔滨市参加学习,为期两个月。

　　哈尔滨土地管理干部学校聘请了某大学教授为我们授课,教授在讲《中国土地制度史》时,顺便讲到南宋的《经界法》,仅仅只是提了一句。

　　江西省土地管理局决定在当年国庆节后,在景德镇市举办全省地市和县级土地管理干部学习班,并指定我参与讲课,主讲《中国土地制度史》。对于主讲内容,我自认为有点把握:一、对教授的讲课,做了比较翔实的记录;二、平时又阅读了这方面的古籍,积累了一点知识。可是,南宋的《经界法》是什么内容仍是未知数。于是,我查阅了 1979 年出版的《辞海》。《辞海》中载:“《经界法》是南宋整理地籍的方法,为李椿年所措置……”措置,是指由李椿年提出又由他实施。看到"李椿年"三个字，我隐约记起《浮梁县志》中历史人物传记上有这个名字，便立即去景德镇市图书馆查阅《浮梁县志》，果然找到了《李椿年传》，其内容正好与经界一致。在那次学习班上，为了鼓励江西人管好江西的土地，我讲了一句语惊四座的话："中国历史上，江西人对全国土地管理做出了杰出的贡献。一是北宋时期的王安石变法，其中有《方田均税法》，而王安石正是江西临川人；二是中国土地管理制度的创始人、南宋《经界法》措置者李椿年，他是江西浮梁县人；三是第二次国内革命战争时期，中华苏维埃共和国临时中央政府的第一任土地局长是都昌人，他姓刘。"

《宋史》没有提及李椿年与《经界法》是一大遗憾。我觉得自己与李椿年是同乡、同行，有责任把李椿年与《经界法》调查清楚，其意义非常重大。1986年正月，我的同事、好友吴成希同志，被借调在景德镇市地方志办公室工作，那里的文史资料较多，听说我正在收集李椿年与《经界法》的资料，他提供了《中国社会科学》杂志1985年第一、二期上刊登的美国芝加哥大学历史系讲座教授何炳棣先生撰写的《南宋至今土地数字的考释和评价》一文，文中重点讲了李椿年与《经界法》，为我指明了研究的方向，坚定了我写出此书稿的信心与决心。

浮梁县老县志上，虽有李椿年的传记，但没有注明他具体出生地，只有找到他的出生地址，查其宗谱，才能把李椿年的生平与他的家族成员查清楚。仅为此，我陆续花了两年多的时间，先后跑了浮梁县大小三十六个李姓村庄,查阅了三部《李氏宗谱》,访问了一百多位乡村干部与乡村教师,终无结果。最后从老县志中,我发现李椿年的墓在仁寿都,仁寿都又是现在的什么地方呢?在老县志中,我查到了一份用文字写的按方位排列的示意图,按方位排查出仁寿都是现在的东埠与南泊村一带,附近一带只有界田与良溪村人姓李,再把经界与界田联系起来想,小时候听大人们讲过界田李家历史上出过很多名人,初步认定李椿年是界田村人。当时,任鹅湖区林业局局长的李信可同志是良溪人,于是,我便去找李信可同志帮忙借《界田李氏宗谱》。半个月后,他来电话告知,天保乡潘村有位姓李的老太太家中藏有《界田李氏宗谱》,其中有李椿年的名字。我立即去天保乡潘村查阅。该谱始修于北宋,时任饶州府知府范仲淹为该谱题了八个大字:"积善之家必有余庆",其中果然有李椿年的生平记载,于是我把李椿年全家及其上下三代人的名讳与官职抄了下来。

当时,我经常去外地出差,一有空暇就到当地图书馆查阅古籍,先后到了南京、杭州、南昌、金华、临海、徽州、九江等省、地市级图书馆,还到了宁国、乐平、鄱阳、婺源等县级图书馆,可以说,凡李椿年到过的地方,我全走遍了。记得1987年,我一个人从青岛回来,坐了一夜的火车,上午九时到达南京,仅用冷水洗了把脸,就立即去南京市图书馆查找资料。当时,南京市图书馆分设两部,我在近代部找到了李又曦先生撰写的刊登在1935年《文化建设》月刊二卷二期上的《两宋农村经济状况与土地政策》一文,下午四时,又从南京乘火车回景德镇市。

资料一多,资料与资料之间,难免有矛盾。有的在时间与事实上有出入,有的说有,有的说无,必须鉴别与核实,这需要一个去伪存真的过程。有的资料上只讲到因,没有果;有的资料上只讲到果,而没有说明原因。凡事都有因果关系,于是,我从因找果,又从果查因,使之因果相应。二十多年来,我先后阅读了《宋史》《简明宋史》《建炎以来系年要录》《文献通考》《朱子大全》《宋词》等书籍,凡是涉及宋代的书籍都去查阅,从中找出答案。所以说,此书内容比较真实,几乎事事有根据。其次是新奇,好像档案解密,许多往事都是第一次与读者见面。例如岳飞被害后,与他情同手足的岳家军将领们个个武艺高强,又手握八万能征善战的雄兵,为什么没有起兵以"清君侧"的名义,为岳飞复仇呢? 原来是李椿年制止了这场动乱。再如岳飞的后妻李娃与李椿年同族,祖籍也是浮梁……对于李椿年的生平事迹,我曾有过疑问,直到收集此资料时才明白,执行了近千年的"民有定产,产有定税,税有定籍"的税务制度,是由李椿年措置的;明代推行的"鱼鳞图册",源于李椿年的《经界法》;明代以后,被人尊称为"朱夫子"的朱熹,曾以学生礼叩拜李椿年为师;中国翔实的田地丈量记载是从浮梁县界田村开始,由李椿年实施的,等等。

1992 年,我写了《李椿年年谱》,刊载在浮梁县政协的文史资料中。1993 年,我撰写了《李椿年与经界法(简本)》一文,由《中国土地》杂志一期刊登；1996年成都科技出版社将此文收入《当代论文选》，并来函要我把它译为英文，由小女吕玲把它译成英文寄去。于是，我下决心将李椿年与《经界法》的详情写出来，曾分别写出《经界法研究》《李椿年全传》的初稿，觉得两者重复太多，不重复又不能说明问题。后来，我将二稿作废，将李椿年与《经界法》糅合在一起，遂成此书稿。

本书在出版过程中得到了有关领导、同事和有关单位的关心和大力支持，中共浮梁县委书记罗建国同志非常重视浮梁传统文化的发掘、研究和传承，并亲自为本书作序；浮梁县委常委、政法委书记程文芳（原县国土局局长）一直关心本书的出版，积极协调有关事宜；浮梁县国土局局长胡建繁、党委书记俞寿发，浮梁旅游发展集团有限公司负责人程联合等领导亦对本书的出版发行给予了大力支持。在此表示衷心的感谢！

笔者学历低，仅读了五年私塾；年纪大，时年已八十三岁，精力与水平有限。不当之处，敬请读者批评指正。